PHP
Business Shinsho

フィードバック入門

耳の痛いことを伝えて部下と職場を立て直す技術

Jun Nakahara
中原　淳

PHPビジネス新書

はじめに

本書は、日々の仕事に追われ、部下育成が後回しになってしまっているというマネジャーの方々に向けて、効果の高い部下育成法である**「フィードバック」**の技術を一から説明した本です。いわば、多忙化するマネジャーのためのフィードバックの入門書です。

私は「人材開発」を専門にしている大学教員ですが、同時に十数名の助教や研究員等の研究スタッフを率いるマネジャー（研究部門責任者）でもあります。この本は、私と同時代を生きるマネジャーの方々に対して、そして、他ならぬ私自身のために、書かせていただきました。同時代を懸命に生きる多くのマネジャーの方々に手に取っていただけることを願っています。

とはいえ、この本を手に取ってくださった皆さんのほとんどは、「フィードバックってよく聞くけど、実際何なの？」といった印象をお持ちではないでしょうか。

本書のテーマである「フィードバック」は、あまたある部下育成手法の中で最も重要なものにもかかわらず、日本ではあまりこれまで注目されてこなかったものだと思います。フィードバックとは端的に言ってしまえば、**「耳の痛いことを部下にしっかりと伝え、彼らの成長を立て直すこと」**です。

より具体的には、フィードバックは、次の二つの働きかけを通して、問題を抱えた部下や、能力・成果のあがらない部下の成長を促進することをめざします。

1.**【情報通知】**
たとえ耳の痛いことであっても、部下のパフォーマンス等に対して情報や結果をちゃんと通知すること（現状を把握し、向き合うことの支援）

2.**【立て直し】**
部下が自己のパフォーマンス等を認識し、自らの業務や行動を振り返り、今後の行動計画をたてる支援を行うこと（振り返りと、アクションプランづくりの支援）

「成果のあがらない部下に耳の痛いことを伝えて、仕事を立て直すこと」は、非常に現代的なテーマでありながら、これまであまり触れられてきませんでした。書店に行っても、フィードバックという言葉を含む類書は非常に少ないと思います（コーチングなどと比べてみると書籍数の少なさは一目瞭然です）。

フィードバックは、海外では非常に一般的な用語です。面談だけでなく、上司と部下の日常的な会話においても、フィードバックという言葉が頻出します。

「今からフィードバックをするよ」

「ちょっとフィードバックを求めたいんだけれども……？」

といったセリフがしょっちゅう飛び交っています。

ところが先に述べましたように、日本ではフィードバックという言葉は、あまり一般的ではありません。多くの人は、フィードバックと聞くと、「期末の面談で、評価結果を通知されること」を思い浮かべるのではないでしょうか。たとえば、「あのさー、中原君。君、今期は、こうで、こうで、こうだったから、君の評価は、Cにするよ」と、いったような具合に。

しかし、本来のフィードバックは、単に結果を通知するだけでなく、そこからの立て直しをも含む概念です。本書は、このように日本の企業の現場ではあまり知られていないフィードバックについて、一から丁寧に解説しています。

▼

私が、なぜ今、フィードバックについて筆をとり、一冊の書籍を編まなければならないと思いたったのか。それには、いくつかの理由があります。ここでは五つの理由を述べさせていただきましょう。

まず第一の理由は、**企業の現場において、フィードバックのニーズが非常に高まっているから**です。

私は、東京大学（執筆当時）で人材開発（経営学習論、人的資源開発論）の研究・教育に携わっており、長年、多くの企業のマネジャー・リーダーの育成に関わってきました。そうした研究生活を送る中で、最近、「部下育成がうまくいかない」「経験の浅い部下がなかなか育たない」といった声を、あちこちの企業で聞くようになりました。

第一章で詳述しますが、成果のあがらない部下をどのように立て直していくかというニーズは、一個人の問題を越えて組織全体の問題として、あるいは日本全体を覆い尽くす問題として、近年非常に高まってきています。

第二の理由としては、**「年上の部下」に代表される、職場の多様な人材に悩まされているマネジャーが増えているということ**が挙げられます。

「年上の部下」問題に関していえば、近年、一定の年齢に達したら役職を剥奪《はくだつ》される「役職定年」や、「定年退職者の再雇用」などによって、年配の元部長や元次長が肩書きのない一般社員に戻るケースが増えています。

海千山千の彼らに対峙するのは、十歳以上も年下のマネジャーです。そうした人たちの間で、元部長などに対して、なかなか言いたいことが言えない、耳の痛いことをきちんと伝えられない、という「年上に意見できない症候群」が蔓延しています。

さらに今後は、定年退職者の再雇用がますます進む一方で、年金などの社会保障の支給開始年齢や金額がより不透明になっていくことが予想されています。そうした状況では、「できるだけ長く仕事の現場にいて、働かなければならない」と考える職業人が増えてくるのは、確実です。そうなれば、こうしたマネジャーの悩みは一層深まっていくことでしょう。

もちろん、問題を抱えた部下は「年上の部下」だけではありません。外国人人材、雇用形態の多様な人々など、「職場の多様性」は広がり続けています。そうした職場の多様な部下に対して、しっかりと向き合い、フィードバックすることが求められています。

第三の理由は、**ハラスメントに対する意識が職場で過剰に高まったこと**が挙げられます。昨今、パワハラやセクハラなどのハラスメントに対する意識が強まり、世の中がフィードバック不足になっています。

「部下を傷つけるかもしれないことを、どこまで言っていいのか」「耳の痛いことを言ったとき、どこまでなら問題にならないか」……。そうした懸念は、どの企業のマネジャーにも広がっています。下手に問題の火種をつくるよりは、何も言わない方が得策だと考える人が出てくるのも無理はありません。

第四の理由は、二〇〇〇年代に広まったコーチングなどの「気づき」を重視する部下育成手法の普及によって、**言うべきことをしっかり言うという文化がおざなりになってしまったこと**です。

コーチングに代表されるように、近年の人材育成方法は、相手に「自分の力で気づかせること」を非常に重視しています。しかし、きちんと成長に必要な情報を理解していない部下は、自分で「気づこう」にも限界があります。

これも後述いたしますが、二〇〇〇年代、不幸なことに「気づき」を重視した部下育成法が広まるあまり、「言いたいことを言ってはいけない」という思い込みが広まりました。コーチングという部下育成手法が悪いわけではありません。コーチングが偏った理解のもとで普及したために、「言いたいことを言えないマネジャー」が増える結果になったのです。かくして日本全国の部下指導を行う上司の間で、「言うべきだと思ったことすら言えない病」が広がっています。

第五の理由は、近年、外資系の企業を中心に、**目標管理制度の運用を見なおすところが増えてきていること**です。かつて、評価は年に二回程度、上司と部下が面談をして、その場で業績成果を言い渡し、必要な場合には助言や指導を行う場合がほとんどでした。

しかし、近年は、この頻度を見直し、日々の業務の中で上司と部下が繰り返し面談を行い、フィードバックする事例が増えてきています。頻度の高い日々のフィードバックは「リアルタイムフィードバック」と呼ばれることもあります。このような人事施策の変更にともない、フィードバックの技術はさらに求められるようになることが予想されます。

以上、五点の理由から私はフィードバックの本を書くことにいたしました。このような現状を打破するお手伝いをしたいと考え、編まれたのが本書です。

▼

フィードバックに関する研究は非常に古い歴史があります。これまでに膨大な量の研究がなされてきましたが、それらの成果をきちんと紹介したビジネス書や一般書が日本には存在しませんでした。フィードバックに関する翻訳書はいくつか出ていますが、今一つ日本の会社の現状にはそぐわないところもあるように感じます。

一方、フィードバックは、学問的知見（科学知）だけでは、その実態や重要なポイントを語り得ぬところもあります。学問的知見も大事ですが、それを現場でどのように行うかという「実践知」もセットで必要です。すなわち、**フィードバックは、「科学知」と「実践知」が融合して、ようやく語り得る分野なのです。**今の職場の現状に即したフィードバックをするためには、科学的な知見に基づきながらも、それを現場でどのように使うのかを想定した書籍が求められます。本書を編むにあたり、私はこの点にも留意しました。

本書の特長は、

①部下育成やフィードバックの基礎的な理論、学問的な知見（科学知）
②現場のマネジャーからヒアリングを通して抽出した実践的な知見（実践知）

この二つをバランスよく盛り込むことを意識している点にあります。

実践知に関しては、日々筆者が行っているヒアリング調査の知見を含めました。また、本書には最前線で戦っている現役マネジャー三名のフィードバック事例も収録しています。

フィードバックは、通常、「ブラックボックス」の中で行われるものですので、このような事例が表に出てくることはほとんどないのです。密室において上司と部下が相対し行われるフィードバック。その実態は、内容が生々しいだけにオープンになることはめったにありません。かくして、フィードバックの手法というのは、これまで最も学習が困難な部下育成法の一つであったのです。本書では、フィードバックにまつわるブラックボックスにスポットライトを当て、実践知をオープンにすることをめざします。

現場のマネジャーが実際に行っていることを把握し、理解することは、非常に大事な学習機会になるのではないかと考えています。取材をさせていただき、その機会を与えてくださった三名のマネジャーの皆さんに、この場を借りて感謝いたします。本当にありがとうございました。

もちろん、フィードバックの科学的知見に関しても、なるべく重要なものを網羅することにいたしました。人材開発の専門家や実務の長い方にもお読みいただけるよう、参考文献などの情報は脚注に示しています。科学知と実践知がともに融合・補完しあうことで、フィードバックのリアルを読者の皆さんにお伝えできれば、と考えています。

▼

フィードバックとは「少しずつ軌道修正して飛んでいくロケット」に似ています。一般に「まったく軌道修正せずに空気中を直進できるロケット」は存在しません。ロケットは、下からそれを見つめるとき、一直線に飛んでいるように見えますが、実際には、空気抵抗やさまざまな空気の諸条件によって、少しずつ軌道が曲がっているそうです。しかし、フィードバック機構によって、機体・軌道のズレや揺れを自ら感知し、さまざまな形で推進力を調整して軌道修正することで、真っ直ぐ飛んでいる（ように見える）のです。

ビジネスパーソンにもこれと同じことが言えると思います。黙っていても真っ直ぐ飛んでいける、すなわち軌道修正がまったく要らないビジネスパーソンなどいません。

その人の行動のクセ、認識の偏りなどにより、人間の行動は、ひずみやバイアスがかかっています。その中で、真っ直ぐの方向に進んでいくには、自分に関するさまざまな情報を受けながら、すなわちフィードバックをしっかりと受容しながら、それを元に、自分を立て直していかなければなりません。

いつかは自律して、自分で自分を律さなければならないにしても、自律を獲得するには、若い時期に他人に律せられる「他律」の時期が必要です。成長するためには、正しく進んでいるかどうかを誰かにチェックしてもらい、指摘してもらうこと、つまりフィードバックが欠かせません。

マネジャーがその手助けをすることは、部下を成長させ、組織が成果を出すために欠かせないことです。

ちなみに、フィードバックの良き伝え手になるためには、自らも良き受け手である必要があります。フィードバックを正しく受容できない人は、他人に対して、フィードバックを正しく伝えることはできないからです。本書の第五章では、良きフィードバックの受け手となるための方法についても述べています。そちらも合わせてお読みください。

▼

我が国は、エネルギーなどの資源をそれほど多く持っている国ではありません。限られた資源をおぎなうべく、この国は、今後さらに人間の智慧や叡智を必要としています。

人的資源こそが我が国の成長の源泉です。

正しく飛び、長く働き続けられる人が一人でも多く生まれることを願います。そして自らもフィードバックを受け、正しく力強く飛んでいきたいものです。本書がそうしたことに貢献できたとしたら、これ以上、嬉しいことはありません。

二〇一六年十二月三十一日　年の瀬の迫る故郷、北の大地にて

中原　淳

フィードバック入門：耳の痛いことを伝えて部下と職場を立て直す技術◆目次

第一章　なぜ、あなたの部下は育ってくれないのか？

第二章　部下育成を支える基礎理論
フィードバックの技術　基本編

第三章　フィードバックの技術　実践編

第四章　タイプ&シチュエーション別フィードバックQ&A

第五章 マネジャー自身も成長する！自己フィードバック・トレーニング

本書は『THE21』二〇一六年九月号〜十二月号連載の「『部下を育てつつ、成果を出す』たった一つの方法」を元に大幅に加筆・修正の上、一冊にまとめたものです。

編集協力：杉山直隆（オフィス解体新書）

第一章

なぜ、あなたの部下は
育ってくれないのか？

日本のマネジャーが疲労している原因は「部下育成」にあり

「最近の俺……疲れ切ってるな。めっきり老け込んだ気がする」

眼力を失った目に、かつてのツヤをなくした肌。クタクタになって帰宅した夜遅く、ふと鏡に映った自分の姿を見て、そんなことを思う……。日々、マネジャーとして働いている皆さんなら、「あるある！」と感じる方は少なくないでしょう（こんなことを言われても、まったく嬉しくないでしょうが）。著者である私も、研究部門の部門長を務めてはや十年。最近、とみに、そのように思うことが増えました。

現代のマネジャーは、疲れ切っている。

私の専門分野は「人材開発」。仕事柄、さまざまな企業で、たくさんのマネジャーの皆さんにヒアリングをさせていただいたり、研修をさせていただいたりしていますが、そのたびに、このことを強く実感します。

取引先や他部署との折衝に骨を折りながら、同時に新規事業の企画提出も求められる。

コンプライアンスの強化などで事務作業にも追われ、部下のメンタルヘルスや、セクハラやパワハラにも気を配らなければならない……。現代のマネジャーにはさまざまな問題・課題がのしかかっていますが、中でも最も頭の痛い問題は「部下が育たない」ことでしょう。

上からは「部下を育てろ」と言われるけれども、現実にはなかなか育ってくれない。アドバイスをしても聞いているのかどうかわからず、同じ失敗ばかりを繰り返す。少しキツく言うと、落ち込んでしまうので、あまり強くは言えない。部下が育たないので、仕事を任せられず、自分でやるしかない仕事がどんどん山積みになっていく。でも、これ以上実務をこなす時間の余裕なんて、どこにもない。かといって家に帰れば、「残業を減らして、早く帰ってきてほしい」などと家族に言われる始末。こんなはずじゃなかったのにな、と思わずボヤいてしまうほろ苦い夜もあるでしょう。

こうした状況に対して、「私の育て方に問題があるのだろうか？　私はマネジャーに向いていないのでは……」と自分自身を責めている人もいるでしょう。自分の部下に、メンタルをやられて、休職する人が出てくれば、なおさら自分に非があるのではないか？　と思ってしまうかもしれません。今の中間管理職の悩みは、非常に根が深いものがあります。

しかし、そんな悩みを抱える中間管理職の方に、まずは、こうお伝えしたいと思います。

「若い部下が育たないのは、あなたのせいではありません。過剰に自分自身を責めないでください。それは、**職場環境の変化によって構造として生まれている現象**なのです」と。

ここでいう「職場環境の変化」とは何か。それは「長期間にわたって仕事をしていれば人が育つ仕組みが、うまくいかなくなっていること」を意味します。今、この「職場の仕組み」が危機に瀕しているのです。

この二十年間で日本企業の職場環境は激変しました。かつては、職場で長く仕事をしていれば、とりわけ意図的に会社が人材開発を行わなくても「人が育った環境」が、急速に失われてしまったのです。

図表1　『朝日新聞』データベースにおける「人材育成」の出現頻度

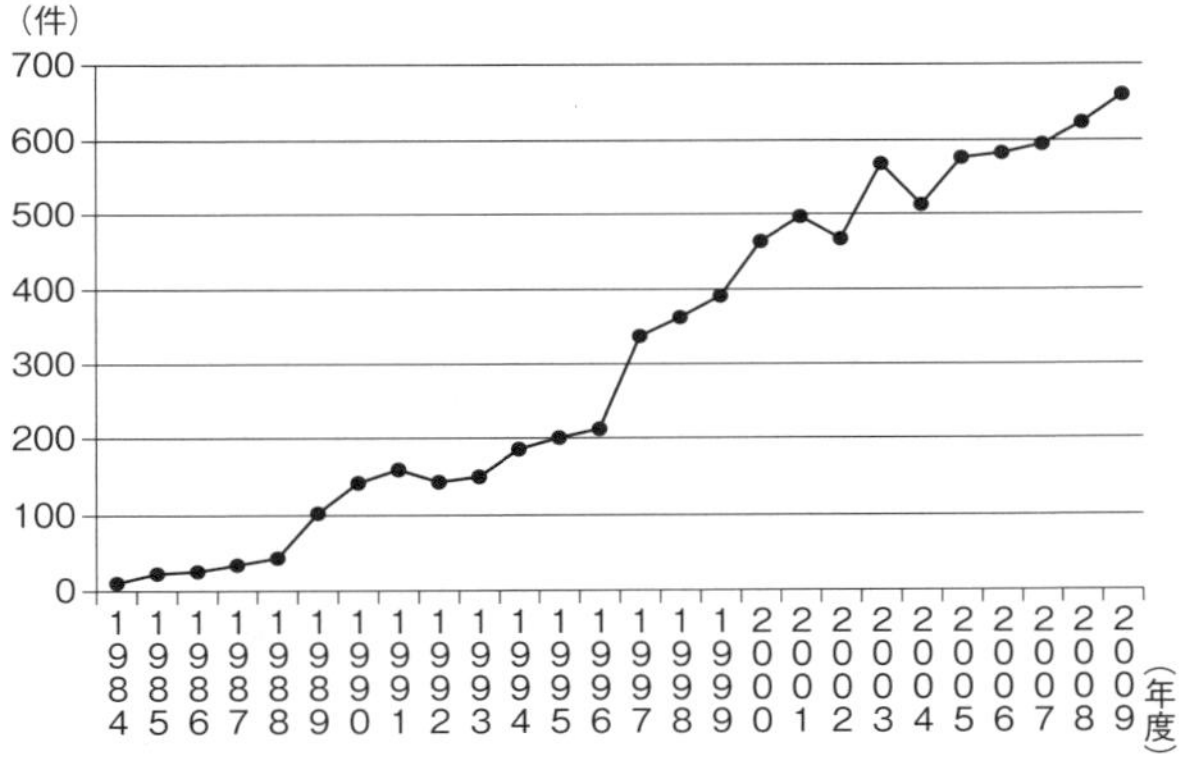

出所）中原淳（2012）『経営学習論』東京大学出版会

そもそも、「職場で人が育たなくなった」と言われ始めたのは、バブル崩壊後の一九九〇年代以降のことです。新聞のデータベースを検索すると、この頃から、「人材開発」や「人材育成」の記事がものすごい勢いで増えています（図表1）。

その背景にあるのは、九〇年代以降、日本の職場で起こった劇的な変化の数々です。その結果、優秀なマネジャーでも、部下を育てるのに四苦八苦するようになってしまったのです。

第一章では、日本の職場で部下育成が難しくなってしまった要因とは一体何なのか、見ていくことにしましょう。これは、一見、遠回りのようですが、その背景を知っているのといないのでは、のちのち紹介する部下育成手法の理解に差が生じます。

何より、ほんの気休めにしかならないかもしれないのですが、私は、マネジャーの皆さんに安心してほしい、自分自身を過剰に責めないでほしいと思います。

部下育成に苦労しているのは、あなただけではありません。それは「あなた一人の課題」ではなく、「みんなの課題」なのです。部下育成が進まないことで、過剰に自分を責めず、まずは、ぜひ、冷静になって事態を見つめましょう。その上で、希望をもって部下を育成しましょう。今、必要なのは、「冷たい頭と熱い心」なのです。

「昔の上司は人を育てるのがうまかった」は本当か？

さて、まずタイムマシンに乗って、部下育成があまり問題視されていなかった頃に時計の針を戻します。

「かつての日本企業には、人材育成の仕組みが整っていた」

そんな通説が、特に年配者の間でよく語られています。ここで言う「かつて」というのは、バブル以前の頃、日本が高度経済成長を遂げた時期を指しています。

　また、上司から、「俺が中間管理職だった頃は、もっと部下の指導をしっかりしていたものだ」などという昔話をされたことのある人も多いと思います。

　このような話を聞くと、「昔の日本企業は、定年まで雇うことを前提としていたから、人をしっかり育てる意識を持っていたんだな」とか、「昔の上司は、人を育てるのがうまかったんだな（正直、今の上司の姿からは想像できないけれど……）」と思った方もいるかもしれません。しかし、これらの昔話が「正しかった」と判断できる根拠は、実はそう多くはありません。人には「昔」や「かつて」を美化して語る懐古趣味があります。「昔の上司は人を育てるのがうまかった」というのも、その一つだと考えられます。そんな話は「眉唾」であると私は思います。

　では、なぜこのような「神話」がつくられてしまったのか。それは、当時の職場には上司が特に意識して人材育成を行わなくとも、「部下が育つ」諸条件が一通り揃っていたからです。

　その条件とは、**「長期雇用」「年功序列」「タイトな職場関係」**の三つです。

新卒で入社したら定年まで雇用が保証される「長期雇用」、実績よりも年齢や勤続年数が役職や賃金を決める「年功序列」については、説明は不要でしょう。

三つ目の「タイトな職場関係」とは、長時間にわたって、同じ空間で行動をともにすることを意味します。かつての日本企業では、今よりもずっと残業をいとわずモーレツに働いていて、一日十時間も十一時間も一緒に仕事をすることが珍しくありませんでした。[注1] 土曜日も午前中のみの〝半ドン〟ではありましたが、週休一日制を普通に敷いていた企業もたくさんありました。そのことを肯定するわけでは決してありませんが、上司と部下が長時間一緒にいられる環境があったことは事実です。

さらに、いわゆる「アフター5」に同じ職場の人たちで飲みに行ったり、休日も上司と部下が釣りやスキーなどのレジャーに繰り出したりすることも当たり前でした。社宅に住んでいれば、会社の枠を越えて家族ぐるみのつきあいにもなります。だから、上司と部下は、互いの性格を自ずと熟知していました。

実は、「長期雇用」「年功序列」「タイトな職場関係」の三つが揃うと、部下は勝手に育つ可能性が高まります。

第一に、「長期雇用」だと、すぐに結果が出なくても、長い目で見てもらえます。

皆さんは、「人が大きく育つ瞬間」とはいつだと思われるでしょうか。それは、「成功体験」をしたときよりも、「大きな失敗」をしたときです。

たとえば、期日通りに注文した商品を納品できず、取引先に多額の損害を与えてしまったとします。そんな経験をすれば、納期に間に合わないような状況を二度と起こさぬよう、綿密に手を打つようになるでしょうし、仕事に対する姿勢も変わってくるでしょう。

このようなミスをしでかしながらも、それを乗り越えて人は成長していくわけです。

しかし、現在のように短期的な結果が求められる環境では、大きなミスをしたら、一発で見限られてしまう可能性があります。長い目で見てもらえたのは、長期雇用が前提だったからです。だからこそ、若い社員は、失敗を恐れず何度も学ぶ機会を得られたのです。

注1　労働時間がどのように変化してきたかに関する学術的分析は、左記の書籍に詳しいです。かつての日本は今よりもずっと労働時間が長かったことがわかります。長時間労働は、職場環境によって引き起こされることが指摘されています。

山本勲・黒田祥子（2014）『労働時間の経済分析―超高齢社会の働き方を展望する』日本経済新聞出版社

第二に、「年功序列」の会社では、定年までの道筋が一定なので、部下から見て、上司は、自分の将来像を示したロールモデルになります。だから、部下も「今がしんどくても、十五年も経てば、高級車のクラウンに乗れるようになる」と思えるので、モチベーションが高まりますし、「課長のような仕事をこなせるようになるためには、今、何をすべきか」が明確にわかりますから、正しい方向で努力できます。上司と同じ道のりを歩んでいるので、上司が「俺の若い頃はこうやっていたんだ」という自慢話のようなものも、今後の参考になりました。

第三に、「タイトな職場関係」だと、上司や先輩が部下と職場で長い時間を一緒に過ごすので、上司や先輩の仕事ぶりをじっくりと観察できます。反対に、上司や先輩社員も、若手社員のことを長時間見ていたので、特に意識しなくても、改善すべき点を的確に指摘できました。今のように、皆が皆忙しいわけではなく、当時の部課長には時間的にも精神的にも余裕があったと述べる実務家も少なくありません。注2

このような環境が揃っていれば、人が勝手に育っていくのも納得でしょう。

つまり、すべての制度や環境が「整合的」に組み合わさっていたので、とりわけ人材育成を施策として推進しなくても、「人が育つ環境」が揃っていたのです。つまり、「人が育つという現象」は、たまたま制度や環境が「整合的」であったことの「副産物」として生まれていた、ということになります。バブル崩壊以前は、ほとんどの日本企業に、このような「人が育つ環境」がありました。

ところが、バブル崩壊によって、ここに「軋《きし》み」が生まれます。

バブル崩壊後、企業に余裕がなくなったことで、「長期雇用」も「年功序列」も「タイトな職場関係」も徐々に「色あせて」きました。早期退職制度などのリストラによって長期雇用が崩れたり、年功序列をやめ、若手の大胆な抜擢《ばってき》が行われるようになったのは、記憶に新しいでしょう。

また、同じく九〇年代から、一九八九年のトヨタ自動車における組織改革を皮切りにして、いわゆる「組織のフラット化」が進められてきました。経営トップの意思を末端社員まで素早く伝えたり、逆に末端社員の情報を素早く吸い上げるために、いくつもの階層に

注2　本間浩輔・中原淳（2016）『会社の中はジレンマだらけ―現場マネジャー「決断」のトレーニング』光文社

図表2　ピラミッド型組織と文鎮型組織

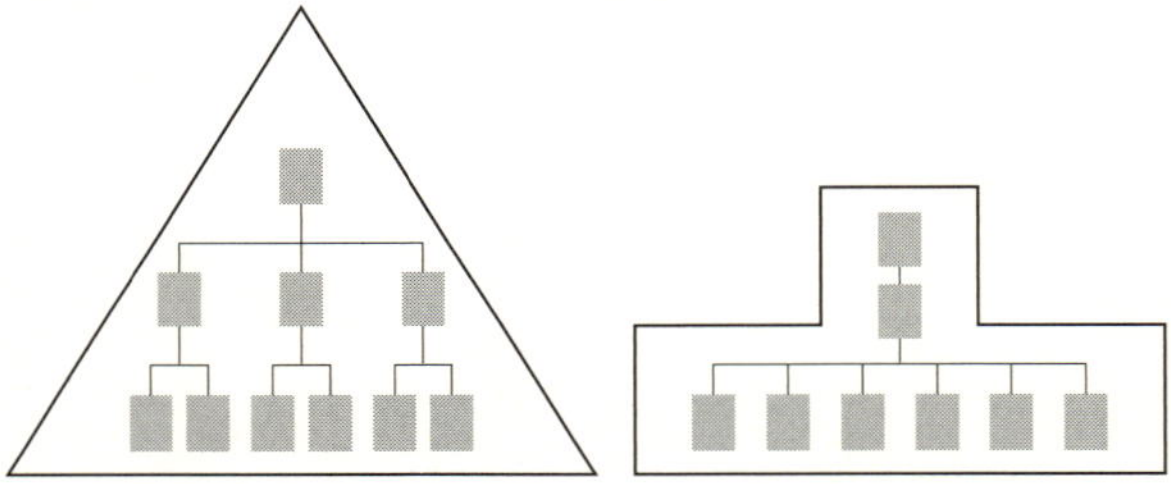

分かれていたピラミッド型の組織から、階層を減らした文鎮型の組織に変えていったわけです（図表2）。

階層が減れば、当然、中間管理職の数は少なくなります。その結果、一人の中間管理職が抱える部下の数が増え、一〇〜二〇人もの部下を抱える管理職が急増しました。中には、一〇〇人以上の部下を一人で抱えているマネジャーもいると聞きます。

しかし、一人のマネジャーが管理できる部下の数には限界があり、それを超えて過剰な人数を管理しようとするとパフォーマンスが下がってしまうという研究群があります。[注3]「**スパン・オブ・コントロール（Span of control）**」という古典的な研究です。この研究群の知見によれば、「同じ目標を共有する五〜七人の部下を直接管理することが一人の上司の限界」とされています。にもかかわらず、組織のフラット化によって新人マネジャーが一〇人以上の部下をいきなり抱えれば、きちんと面倒を見られない部下が出てきて当たり前です。

また、長期雇用に関する慣行が徐々に失われて、かつ転職が当たり前になったことで、「この会社の人に、必要以上に気を遣うことはない」と考える若手が増え、残業やアフター5のノミニケーションを嫌がる傾向が出てきました。こうして「タイトな職場関係」も崩壊していきました。

以上のような経緯から、近年になって日本の若手が育つ「三つの条件」が失われたわけ

注3　スパン・オブ・コントロールの古典的研究は、ギュリックらの研究が嚆矢《こうし》となりました。スパン・オブ・コントロールとは、上長が「直接管理できる部下の人数のこと」です。「直接管理できる部下の数」には制約があります。限界を超えて管理を行おうとすると、組織のパフォーマンスに大きな悪影響を与えてしまいます。経験的基準としては、同じ目標を共有する五〜七人の部下を直接管理することが限界であるとされています。

Gulick, L. (1937) "Notes on the theory of organization" In Gulick, L and Urwick, L (Eds.) *Papers on the Science of Administration*, NY : Institute of Public Administration, pp.191-195

Gittell, J. H. (2001) "Supervisory span, relational coordination and flight departure performance: A reassessment of postbureaucracy theory" *Organization Science*, Vol.12 (4), pp.468-483

ですが、そのことに当時の経営も人事もあまりに無頓着であったようにも感じます。当時、こうした「意図せざる逆効果」に関してはあまり注目されてこなかった経緯がありますので、当時の若手、すなわち現在の中間管理職は、上位者から効率的かつ理にかなったやり方で「仕事を教わった経験」をあまり持っていません。

かくして、今の中間管理職は、どのように部下を育てればよいかがわからないまま、今の立ち位置に放り込まれてしまったのです。若い頃に、「精神論」や「根性論」の教育を受けて嫌な思いをしているので、「あんなことはしたくない」と思っているものの、実際にどうすれば人が育つかという具体的な答えは見いだせていません。

私が、今の中間管理職の人に対して、「あまり自分を責めることはない」と言うのも、おわかりいただけるのではないかと思います。部下が育たないという現象は、構造として生み出されているのです。

突然化・若年化するマネジャーと、その場しのぎにもならない短期研修

ここからは、マネジャー側の役割変化や仕事の変化にも目を移してみましょう。

まず、組織がフラット化したことで、今の中間管理職はマネジャーとしての仕事をする

図表3　突然化するマネジャー

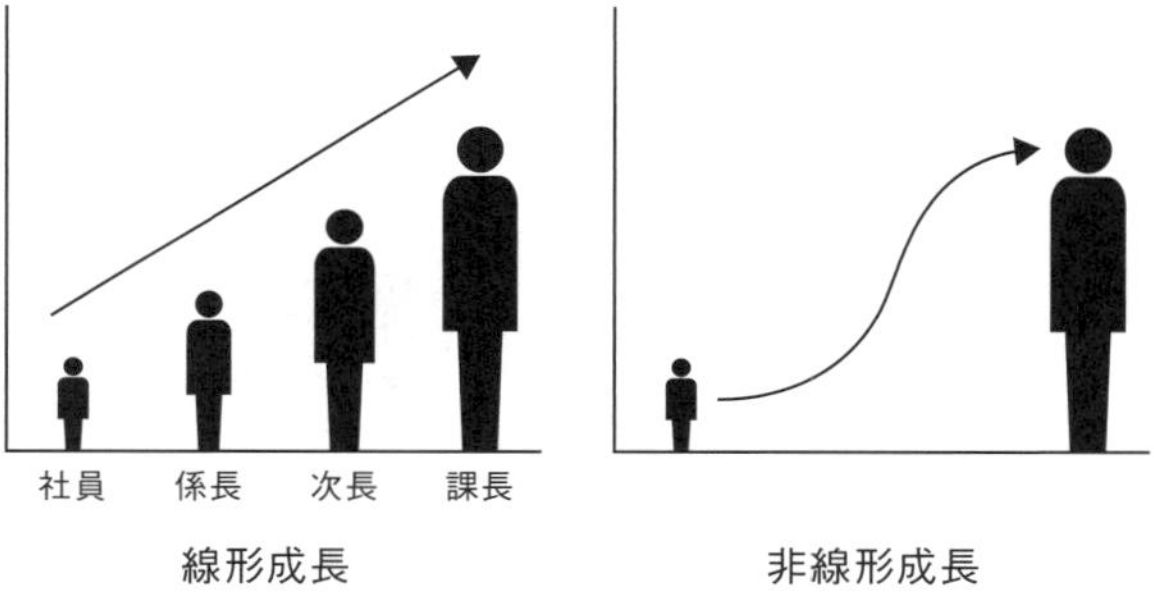

準備期間がないままに昇進してしまっています。「マネジャーになる」ということが突然起こるので、これを私は**「突然化」**と呼んでいます。

昔のピラミッド型の組織なら、係長や課長補佐など、マネジャーの入門編のような役職がありました（図表3左の「線形成長」）。この時期に、業務評価などのマネジメントの一部を任されたり、他部署との折衝の場に同席させてもらって上司の交渉術を学んだりすることが、一人前のマネジャーになる準備として、非常に役立っていました。

そもそもマネジャーは、社内調整や人間関係のトラブルといった、「ただちには白黒つけられない難しい問題」の解決を迫られる役職です。部下が自ら意思決定できるような簡単な問題は、部下が解決してしまいますから、マネジャーの元には、「あっちが立てばこっちが立たない」ような、「ややこしい問題」しか上がってきません。マネジャーの仕事とは「白黒つかないもの」なのです。マネジャーはいつだって「グレー」を生きています。

しかし、そうしたグレーな問題を解決するには、たいがい、役員や他の部署への根回しのような政治的な動きも必要になってきます。そうした行動は、さまざまな経験を積んで、酸《す》いも甘いも知っていないと、難しいことです。

ところが、組織がフラット化したことで、今は一般社員から、いきなり中間管理職に昇進しています（前ページ図表3右の「非線形成長」）。何の経験もないまま、役員や部長などの上位者や、他部門のマネジャーとのタフな交渉の席についたり、部下と面談して評価を下したりしなければならないのです。当然ながら、どうマネジメントしていいのかの勝手がわからず、余裕がなくなってしまいます。

くわえて、企業によっては、マネジャーの**「若年化」**も進んでいます。大企業でも早いところでは三十代でマネジャーに昇進しますし、ＩＴベンチャーに至っては、二十代で課長相当、三十代で部長相当の職につくこともあるようです。こうした人たちもまた、準備期間をほとんど経験しないまま、マネジメントをするわけですから、マネジャーとしての業務は簡単ではないでしょう。

さらにマネジャーの変化はこれだけにとどまりません。中でも最も大きな変化は「二重化」、つまり「マネジャーである中間管理職も、プレーヤーとして成果を求められるようになったこと」でしょう。

かつて、中間管理職に昇進することは、いわば「論功行賞」のようなものでした。プレーヤーとして実績をあげた人に辞令を出し、マネジャーになった後にはプレーヤーとしての成果を求められることはありませんでした。マネジメントだけに集中していれば、何の問題もなかったわけです。さらに言うと、マネジャーとしての成果があがらなくても、全体として利益が出ていたため、それほどとがめられないという会社や職場も多かったようです。

ともあれ、バブル崩壊以前は、プレイングマネジャー（Playing manager：プレーヤーとして成果を出すことを求められるマネジャーのこと）などという言葉は、そもそも日本に存在していませんでした。

ところが、今の中間管理職は、ほとんどが、自らも一プレーヤーとしての成績を求められるプレイングマネジャーです。

二〇一二年に、私の研究室（東京大学中原研究室）が、公益財団法人日本生産性本部（Japan Productivity Center）と共同で行った調査（マネジメント・ディスカバリー研究「マネジメントへの移行と熟達に関する共同調査」）によると、社員三〇〇人以上の企業で、人事考課対象となる部下を持つマネジャー（三十三〜五十九歳。マネジャー経験一年以上九年以下）のうち、プレーヤーとしての時間を過ごすことなく、純粋にマネジメントに徹している「完全マネジャー」は五一七人中一四人、わずかに全体の二・七％だけでした。[注4]

しかも、プレーヤーとしての比重はどんどん増す一方です。特に営業部などに至っては、部下の一般社員よりも、はるかに高い営業成績をあげているマネジャーもたくさんいます。こうなると、プレイングマネジャーというより「マネージングプレーヤー（Managing player：マネジメントという役割を担いつつも、プレーヤーである人のこと）」と呼ぶ方が適切なくらいです。今や、マネジメントは職位ではなく、プレーヤーに求められる役割になってしまったといっても過言ではないでしょう。私たちの研究では、特に課長職でその傾向が甚だしいということもわかっています。

しかし、一般社員と同じ業務量をこなしていれば、それだけで時間はあっという間に過ぎていきます。これでは、部下とじっくり向き合って育成することができないのも無理はありません。かくして、部下育成の時間は失われていきました。

その結果、あちこちの職場で、本来の意味とはかけ離れた現場での部下育成、いわゆるＯＪＴ（On the Job Training）が行われるようになりました。そう、こんなふうに。


「おまかせ（Ｏ）ジョブ（Ｊ）トレーニング（Ｔ）」

「お前ら（Ｏ）自分でやれ（Ｊ）頼るな（Ｔ）」

「教える（Ｏ）自信がないので（Ｊ）テストばかり（Ｔ）」

「俺に聞くな（Ｏ）自分でやれ（Ｊ）頼むから（Ｔ）」

注４　この調査は、マネジメント行動を変容させる管理職研修「マネジメントディスカバリー」の開発のために行われました。現在は、日本生産性本部で、この調査に基づく研修が受講できます。
https://jpc-management.jp/md/

……列挙していると悲しくなるのでこの辺にしておきますが、現代の日本組織において、この冗談のような状況が実際に起きている職場はすごく多いのではないかと思います。

また、「中間管理職が成果を求められる」という現象は、別の問題をも生み出しています。人材を育てられないために、最初からできる部下に頼りきりになってしまうという問題です。その結果、できない部下はヒマになる一方で、できる部下に仕事が集中するようになります。[注5] すると、できる部下とできない部下の間の実力格差がどんどん開いていくので、何年経っても若い部下が育たず、一部のできる部下に頼りきるといった状況が続いてしまいます。

しかし、こんな状態が長続きするはずがありません。できる部下も、長年激務にさらされていれば、体調を崩して倒れたり、メンタルをやられたりしてしまいます。こうして、できる部下ほど疲弊してしまうという問題が起きているのです。

一方で、あまり仕事ができない部下もまた、やりがいある仕事を任せてもらえないことからモチベーションを喪失し、結果「こんな職場ではやっていられない」と辞めていってしまいます。そうなれば、その人が担当していた仕事は他の誰かがやらねばなりません。

その尻拭いをするのは、結局のところ、中間管理職であるマネジャーしかいません。しかし、そんな尻拭いをしていれば、ますます人を育てる時間がなくなり、さらに尻拭いの仕事が増えるという、恐ろしいデフレスパイラルに陥ってしまいます（次ページ図表4）。そうなれば、やがて中間管理職も疲弊し、倒れてしまうのがオチです。

かつてよりも心を通わせるのが難しい若手社員

中間管理職とは、そもそもプレーヤー業務の片手間にできるほど簡単な仕事ではない。すでにマネジャー職についている人なら、そのことを嫌というほど体感していることでしょう。

注5　労働政策研究・研修機構（2006）『変革期の勤労者意識――「新時代のキャリアデザインと人材マネジメントの評価に関する調査」結果報告書』労働政策研究・研修機構

図表4　マネジャーが陥る「デフレスパイラル」

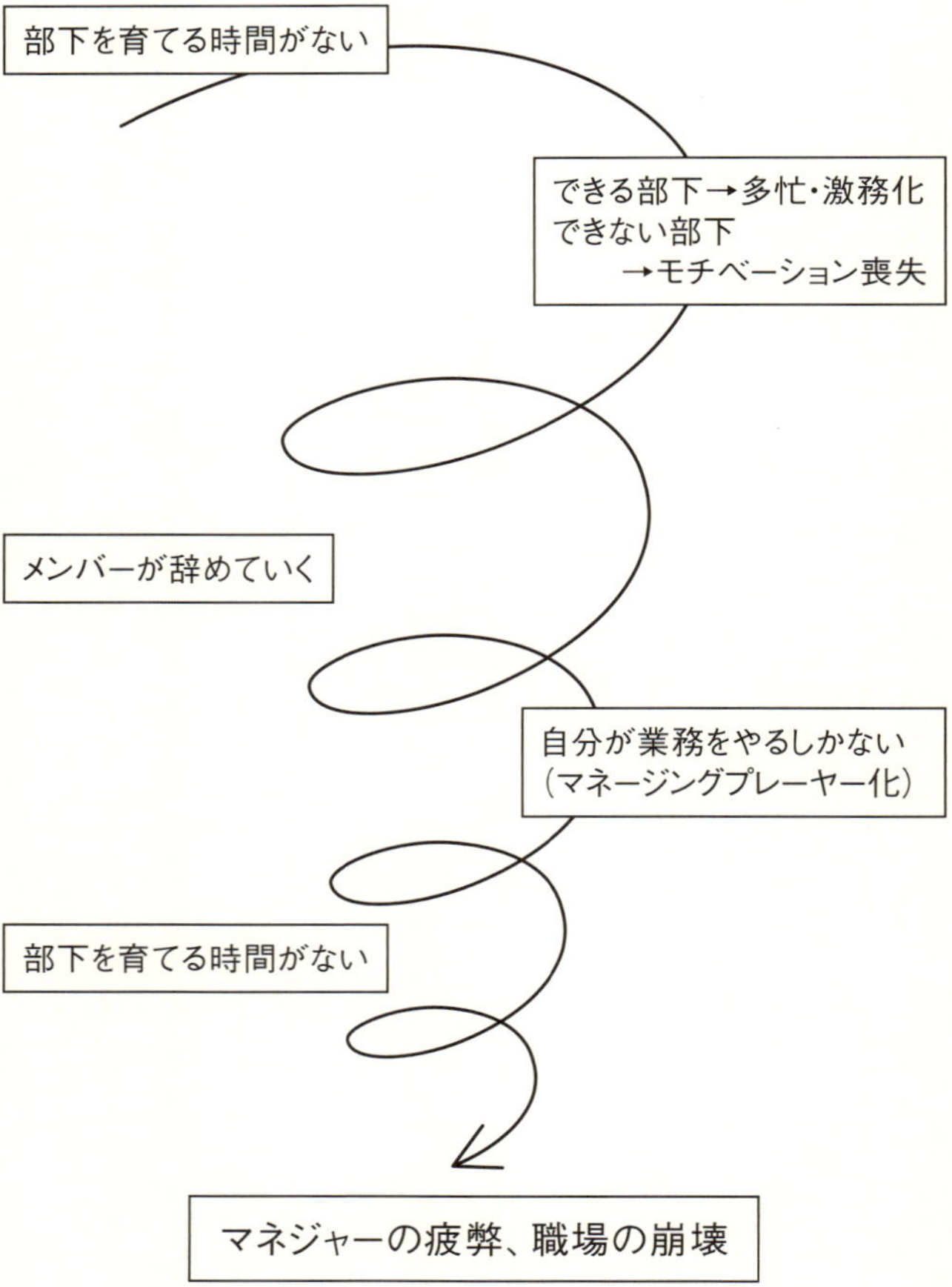

中間管理職の仕事の難しさは、一言で言えば、**「他者を通じて物事を成し遂げなければならない（Getting things done through others）」**ということです（次ページ図表5）。これは、最も有名なクーンツとオドンネルらによる「マネジメント」の定義ですが、この一文には、マネジメントの奥深さが秘められています。[注6]もう少し別の言葉で言うならば「仕事を任せても、放置せず、他者に成果をあげさせること」です。プレーヤーだった頃は、自分の力で物事を成し遂げればよかったのに対し、中間管理職は、自分が動くのではなく、他者を動かさなければなりません。

この「他者」の代表といえるのが「部下」ですが、一口に「部下」といっても、一人ひとり、能力も違えばモチベーションも異なります。キャリアに対する意識も、組織や職場に対するコミットメントもまるで違います。このような人たちに、自分の望み通りに動いてもらうためには、個々の価値観の違いを理解しながら、それぞれにコミュニケーションの仕方を考えなければなりません。それが非常に難しいわけです。

注6　Koontz, H. and O'Donnell, C. (1972) *Principles of management: An analysis of managerial functions*, McGraw-Hill Inc., US; 5th Revised

図表5　マネジメントの定義

「Getting things done」
（物事を成し遂げる）

＋

「through others」
（他者を通じて）

たとえば、はじめて中間管理職に昇進すると、二十代の若手社員が部下につくことになるかと思いますが、上司の立場で彼らと接してみると、思ったよりはるかにコミュニケーションがうまくいかないというマネジャーが多い。

これは私自身も四十代になってからひしひしと感じていることなのですが、年齢の離れた研究スタッフの悩みを理解するのに時間がかかるのです。仕事がスタックして頭を抱えている姿を見ても、同じ視点に立つことができず、何に悩んでいるのかがわからないこともあります。何とか相手の立場に立って問題解決を支援したいと思っていても、「わからない」と言う相手が、「何をわからないか」が私には「わからない」。

熟達は、熟達者から「非熟達者であった頃の思いや感覚」を奪っていきます。どんなに彼らの立場に立って、彼らの抱えている問題を理解しようとしても、最初に直面する「わからない状態」自体がわからないのです。そうした堂々巡りの状況に陥ったことのある方は、少なくないのではないかと想像します。

これにくわえて、よく言われるのは、年齢が十歳離れると、会話が難しくなってくるということです。育ってきた社会状況や価値観が大きく違うので、お互いの話に共感しにくくなります。特に今の二十～三十代と、バブル時代に青春を謳歌した世代では、キャリアに対する意識がまったく異なります。

今の若い世代は、高校や大学でキャリア教育が行われるのが一般的になってきた世代です。「自分のキャリア・仕事人生は自分で切り拓く」という考えのもと、キャリアプランを自分で設計し、それに沿って会社を選んでいる人が以前ほど少なくありません。さらには、その後の留学や起業などの計画もきっちり立てています。そこには、会社に対する帰属心は昔ほど強くは感じられません。

もちろん、かつての世代も、さすがにこのご時世ですので「自分のキャリアは自分で考えなくてはいけない」という意識は持っていますが、キャリア論が隆盛してきたのは二〇

○○年代ですから、若い頃は、キャリアなど意識することなく、ひたすら組織の中で働いてきています。つまり、会社に対する帰属意識の強い人が多いわけです。そして、自分のキャリアや能力は「自分自身で切り拓く」のではなく、会社が「丸抱え」してくれるはずであると思っている人も少なくありません。

そんな年配の中間管理職が、二十代の部下に「私、組織に身を埋《うず》める気とかないんで」と言われ、協調性のない行動をとられてしまえば、違和感を覚えずにはいられないでしょう。ときには、不快感すら抱くかもしれません。

また、今の若手社員は、パワハラやセクハラなど、「ハラスメント」にすごく敏感です。今の四十代は、「精神論」や「根性論」を重んじるパワハラまがいの上司に育てられて、嫌な思いをしたので、「自分は下の世代にそんなことをしたくない」と考えている人が比較的多いようですが、中には「自らが受けてきた部下指導」を意図的か否かにかかわらず「再生産」してしまう人もいます。かつて自分が上司から受けた「精神論」や「根性論」によるハラスメントまがいの部下指導を、無意識に自らも行ってしまうのです。その結果、知らないうちに人事に駆け込まれたり、ソーシャルメディアに会社の悪評を書き込まれたりして、窮地に立たされることも珍しくなってきました。

このような部下の気持ちを汲《く》み取って、動かさなくてはならないわけですから、それは大変に決まっています。

元上司、派遣社員、外国人……。部下の「多様化」で、指導はより困難に

さらに、今の中間管理職は、昔の中間管理職よりも、はるかに難しいマネジメントの問題を抱えています。その一つが、**「人材の多様化（ダイバーシティ化）」**という問題です。職場で一緒に働く従業員にさまざまな「違い」が顕在化してきているのです。

終身雇用や年功序列が維持されていた時代は、「部下」といえば、自分より若い世代であることが当たり前でした。社員の大部分は新卒入社の正社員ばかりです。しかも、業種にもよりますが、一九八六年に男女雇用機会均等法が施行される以前は、主力業務を手がける部下は男性が主で、女性はまだまだ少数派でした。

ところが、終身雇用や年功序列が崩壊し、女性の社会進出も進んだ今は、「部下」の属性や価値観は非常に多様化しています。男性よりも女性の方が多い職場は珍しくなりましたし、雇用市場の流動化が進んだことで、他社から転職してきた人や、契約社員や派

遣社員といった非正規雇用の従業員も増えました。

たとえば、中途入社の社員は、新卒入社の社員と違って、その会社の色に染められていないので、まったく違ったモノの考え方をする人もいます。「この会社に来たからにはこの会社のカラーに染まってほしい」という本音はあるにしても、相手の考え方も尊重しながら、教えたり伝えたりする必要があります。しかし、人によっては、前職で培った仕事のやり方や仕事の信念を「変えてもらわなければならない」場合も出てきます[注7]。


今や五歳も十歳も年上の人が部下になるケースも、日常的になりつつあります。その理由は、年功によらない抜擢人事や降格人事が盛んに行われるようになったことに加えて、改正高年齢者雇用安定法が二〇一三年四月に施行されたこともあります。この法律によって、定年を六十五歳未満にしている企業は、定年を六十歳から六十五歳に引き上げるか、定年制度を廃止するか、再雇用制度を導入することが義務付けられたので、いわゆる「シニアの一般社員＝年上の部下」が増えたのです。この結果、以前は部長をしていた人が自分の部下になるという事態が、次々と起こっています。

くわえて、グローバル化に取り残されないために、外国人の社員を雇い入れる日本企業も増えてきました。現在、日本企業では中国人や韓国人、台湾人など、東アジアの出身者たちがその多数を占めていますが、タイやベトナムなどの東南アジア、あるいは欧米人を雇う企業も増え、ＩＴ企業ではインド人の姿もちらほら見かけるようになっています。

生まれ育った環境がまったく異なる外国人社員は、なおのこと、コミュニケーションに気を配る必要があります。仕事に対する考え方や感覚が、日本人とまったく異なることが多いからです。

たとえば、日本ではいまだに同じ会社に定年まで勤める感覚を持つ人が少なくありませんが、このような感覚を持った外国人は非常に限定的です。彼らの関心事は「この会社にいる間に、いかに自分の能力を伸ばすか」です。だから、「十年後や二十年後、あなたはこの会社でどうなっていたいのか？」と尋ねても、ポカーンとされてしまいます。

また、時間に関する感覚がまるで違う人もいます。これは、ある企業のマネジャーから聞いたエピソードですが、外国人の部下がミーティングに定刻よりも数分遅れてやって来

注7　中原淳（2012）『経営学習論』東京大学出版会

たので、「ミーティングでは少し早く席に座ってくださいね」と伝えたそうです。すると、その次のミーティングで、彼は素早くイスに座った、という笑い話もあります。結局その後、彼が定刻よりも早く来ることはありませんでした。もちろん、マネジャーは定刻になったらミーティングが始められるよう、五分前には来て準備をしてほしい、ということを伝えたかったのですが、そうした「五分前行動」という概念がないので、理解してもらえなかったのです。


仕事の進め方に関しても、さまざまな価値観の違いがあります。

たとえば、あるＩＴ企業のマネジャーが、数年前に語っていた事例です。

彼女は、外国人部下を含む数人の部下とミーティングでアイデア出しをしていました。議論の結果、ある人のアイデアが採用されたそうですが、その後、外国人部下の一人が、それ以降のアイデアを深める作業に、参加しようとしなくなってしまったそうです。

会議終了後、その外国人部下になぜ沈黙しているのかを尋ねると、「私は意見を出しましたが、他の方の意見が採用されたので、あとは従うだけです」と言ってきたそうです。最初は「自分のアイデアが採用されなかったから、すねているのかな」と思ったそうですが、その部下に真意を尋ねると、すねていたというのはまったくの勘違いでした。「誰か一人のアイデアが採用されたら、その人に全面的に従う」というのが、その方の文化では支配的な考え方だったそうで、その通りにしていたそうです。ミーティング一つとっても、まったくやり方が違うことがわかったよ、とそのマネジャーは話していました。

また、こちらはあるシンクタンクのマネジャーから聞いたエピソードですが、分析に使う高性能なコンピュータを数人のスタッフで「共有」して使うことになったそうです。数人で共有するとなると、使った後は、さまざまな設定やデスクトップの状況を元の状態に戻すのが、一般的な感覚という人が多いと思います。しかし、これも、そうした文化的前提を共有しないスタッフには通用しませんでした。外国人スタッフの中には、「共有＝自分の好き勝手に使ってよい」ということで、アプリケーションの設定をすべて自分流にカスタマイズし、デスクトップも片付けない社員もいました。つまり「共有」の概念がまったく違っていて、「共有したなら、何をやってもいい」というふうに解釈してしまったのです。

いずれも、本人にとって悪気はない行動なのですが、何も知らずにされたら、ムッとすることもあるでしょう。

私の研究室のOGで、現在は武蔵野大学の准教授をしている島田徳子《のりこ》さんが、日本留学後に新卒入社した外国人社員の研究を行っています。彼女は、外国人社員を組織に溶け込ませるためには、「上司が相手の文化的背景を理解した上で、日本の文化を伝えることが大切」だとする研究知見をまとめています。[注8] 重要な指摘だとは思いますが、実現のために越えなければならないハードルは決して低くはありません。

「働かないおじさん」とどう接するか？

こうした多様化する部下の中でも、現代のマネジャーにとって特に強敵なのは、年上のいわゆる「働かないおじさん」です。

終身雇用を維持していた頃の日本企業の賃金体系は、「生産性に関係なく、若い頃は抑えめで、年を取るごとに上がっていく」というものでした。図表6に見るように、若い頃は生産性に見合う賃金を受け取れない「過少支払いの期間」が続くのですが、四十五歳ぐらいを境に、生産性よりも「過大支払いの期間」が続くということです。

過払いの状態になれば、働かなくてもお金がもらえるわけですから、当然、多くの人は

図表6　ホステージ理論

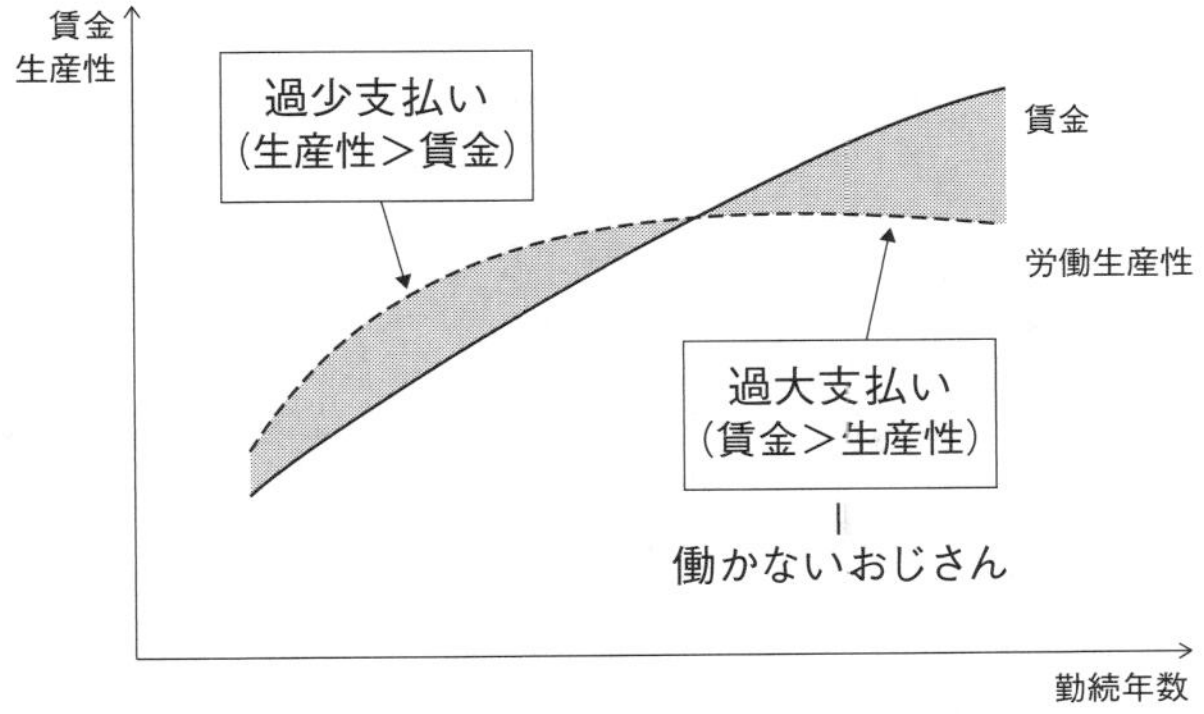

出所）加護野忠男・小林孝雄（1989）「資源拠出と退出障壁」今井賢一・小宮隆太郎編『日本の企業』東京大学出版会 p.77より、一部加筆修正のうえ転載

組織にしがみつく「組織の捕虜≒ホステージ」状態になります。働いても働かなくても、高い給料が保証されているので、給料に見合った働き方をしなくなります。これがいわゆる、最近人事・経営企画界隈をにぎわせている「働かないおじさん」が生まれるメカニズムです。

　ちなみに、おじさんは組織を出ようにも出ることは難しい状態です。なぜなら、高

注8　島田徳子・中原淳（2014）「新卒外国人留学生社員の組織適応と日本人上司の支援に関する研究」『異文化間教育』Vol.39, pp.92-108
島田徳子・中原淳（2016）「新卒外国人元留学生社員の組織社会化メカニズム―経験学習行動と異文化間ソーシャルスキルに着目して」『人材育成研究』Vol.12(1) pp.21-44

給を支給してくれる組織は、今の組織以外には、市場には存在しないからです。今現在のパフォーマンスで考えると、おじさんの給与水準は大きく下がってしまうのです。ですので、「働かないおじさん」は、組織にしがみつきます。この「とらわれ」の状態をたとえて名づけられたのが、神戸大学名誉教授の加護野忠男先生らが唱えた**「ホステージ理論」**です（前ページ図表6）。

若手から見れば、「なぜこれだけしかパフォーマンスを出していないのに、働かないおじさんは、こんなに給与をもらえるんだ」と思うところでしょうが、昔はそんなに文句は出ませんでした。なぜなら、自分もいつかそういうおじさんになる日——すなわちあまり生産性があがっていなくても給与が高止まりしている状況が、自分のもとにもめぐりめぐって来ることが予想できたからです。

ところが、終身雇用が崩壊したことで賃金体系は「Pay for performance」、つまり生産性と賃金を同期させる方向に変わっていきつつあります。若い人は将来、自分が「働かないおじさん」として組織にしがみつくことはできないと感じるようになってきています。一方、低いパフォーマンスしか出していないのに会社でのうのうとしている「働かないおじさん」には、何らかの方法で生産性を高めてもらわなければならないことになります。

かくして、「働かないおじさん」が部下になったときは、マネジャーはなんとしても彼らに働いてもらうよう、さまざまに手を尽くさなくてはならないのです。

しかし、尻をちょっと叩けば働くようになるぐらいなら、誰も苦労はしません。たいていの場合、「働かないおじさん」は社内事情に通じており、非常にしたたかであるといったケースも多く、ましてや元部長・課長ともなれば、それなりのプライドもあります。そうした人たちを動かすには、相当な労力が必要です。

このように、現代のマネジャーは職場に生まれた「多様性（＝ダイバーシティ）」と格闘していくことを余儀なくされています。さまざまな思惑を持った人たちに合わせて対応するというのは、想像以上に疲れるものです。昨今、ダイバーシティの重要性がしきりに叫ばれていますが、「言われなくても、毎日ダイバーシティと向き合ってヘトヘトだよ！」というマネジャーの方々も多いのではないでしょうか。育ちにくい若手やテコでも動かないシニア社員に囲まれて、「僕の日常は、強敵だらけのロールプレイングゲームですよ」と嘆いていたマネジャーの方もいらっしゃいました。

現代のマネジャー層を支える、ポストバブル世代の孤独

中間管理職の中心世代は四十～四十五歳のポストバブル世代だと思いますが、この世代はただでさえしんどい世代でもあります。

その理由の一つは、「社内に同世代が少ない」ことです。

この世代は、第二次ベビーブームの世代なので、人数自体は多いのですが、新卒入社のタイミングが就職氷河期で、採用が非常に抑制されていました。そんな中で採用された方々ですので、優秀な人が多いのも特長です。反面、組織の中に同期が少なく、中間管理職になっても相談しあえる人が社内におらず、非常に孤独に陥りやすいという面があります。

それなら社外の友人と飲みに行って、悩みの一つでも聞いてもらおうかなと思っても、なかなか時間が取れないし、時間が取れたとしても、友人は友人で忙しい。

くわえて、四十代は仕事だけでなく、プライベートでも子育てに追われたり、人によっては親の介護に奔走したり、と何かと忙しい世代です。「この前、正月が来たと思ったら、もう年末か。毎日が恐ろしい早さで過ぎていく……」と感じている人も、少なくないでし

ょう。そんな自分の状況を考えると、「あいつも忙しいだろうな」と気が引けてしまい、誘いにくいのです。たまにFacebookで「いいね！」を押してあげるぐらいがちょうどよい距離感かな、なんて思ってしまいます。

一方では、四十代は「人生の正午」、すなわち仕事人生の中間地点でもあります。「ここまで無我夢中で走ってきたけれども、これからもこのままでいいのかな」と悩める人生のモヤモヤ期とも言えます。定年まで二十〜二十五年ありますから、「今ならまだやり直しがきくのではないか？」「人生のリセットボタンを押すべきでは？」と、ふと思う瞬間がありがちです。

私自身も、一九七五年生まれの、まさにポストバブル世代です。毎日ブレーキのないジェットコースターに乗って爆走しているような状態で、気づいたら二週間経っていた、ということも日常茶飯事です。時には「このままでいいのか？」という思いに駆られることもあります。「これから先、二十五年もこの研究をやっていけるのか？」「人生の立て直しをするために、留学するべきでは？」「もう一回大学院に行って、学び直すべきでは？」などと、端《はた》から見ればいろいろと訳のわからないことを考えます。でも妻子もいるし、今の生活を捨てるわけにもいかないし……と皆さんと同じようにモヤモヤしています。

部下が育たないのは「みんなの問題」──もてはやされた「コーチング」

さて、ここまで、部下が育たない原因になっているのが職場環境の変化であること、そしてまた、マネジャーとして部下を動かし、成果をあげるのは大変な苦労がともなうことを論じてきました。ここだけ読んでしまえば、陰鬱な雰囲気になってしまうものですが、まずは私たちの置かれている状況を把握することが最も大切です。

先ほど述べた通り、部下を育成することや、部下を動かすことに苦労しているのは、あなただけではないことがおわかりいただけたかと思います。これは、「あなただけの課題」ではなくて「みんなが直面している課題」なのです。そして、それらは「あなた」が特に悪いわけではなく「時代の産物」として構造的に生み出されてしまったものなのです。だから、まずは自分を過剰に責めたり、自分の境遇を呪ったりしないでください。

しかし、一方で、私たちは問題を「把握しただけ」で終わるわけにはいきません。時代のせい、環境のせいにしていても何ら問題は解決しません。

私たちは、「動かなくて」はなりません。

私たちは、「動く」ことで、「成果」を残さなければならないのです。

いつまでも、時代や環境のせいにして手をこまねいていては何も解決しません。何らかの方法で、今の時代に即した部下育成の技術、部下を動かす技術を身に付け、成果を残す必要があります。

企業の中にも、現代のマネジャーの置かれている状況に危機感を強め、二〇〇〇年代後半になって対策を講じる企業が多くなってきました。管理職になっても、うまく部下を動かし育成することができない管理職が増えてきたので、管理職研修の強化や管理職の支援に乗り出しているのです。

中でも二〇〇〇年代後半から管理職研修に華々しく導入されたのが、「**コーチング**」でした。

コーチングにはさまざまな流派があり、またさまざまな定義があります。[注9] が、コーチン

注9　O'Connor, J. and Lages, A. (2008) *How coaching works: The essential guide to the history and practice of effective coaching*, A&C Black

グを最も簡潔に要約してしまえば**「他者の目的達成を支援する技術」**です。それは、育成する相手に「現状」と「めざすべきゴール」のギャップを、第三者からの「問いかけ」によって意識化させ、振り返り（リフレクション／内省）を促し、「今後、何を為していくべきか」の行動指針や行動計画をともにつくっていく技術です。

学術的には、コーチングは、資格を有する外部の専門コーチによって担われる「プロフェッショナルコーチング」[注10]と、一般の職場の上長が行う「マネジリアルコーチング」[注11]の二つに分かれ、その優劣が議論されています。ここでは、前者と後者の優劣に関しては、紙幅の関係から述べることはしませんが、二〇〇〇年代後半に各企業がこぞって管理職支援として導入したのは、職場で上司が行う「マネジリアルコーチング」です。

要するに、職場の管理職が部下に対して効率的かつ効果的に育成を行うテクニックとして、これまでの「部下指導」とは異なるやり方を教えることにしたもの、それが「コーチング」です。

コーチングが導入される前の「管理職による現場での部下指導」といえば、「いかに教えるか」「いかに指導するか」「いかに伝えるか」という風に、「上司から部下への垂直的かつ一方向的な情報伝達」が重視されていました。これをワンセンテンスで申しあげるならば、それまでの部下指導とは「ティーチング（Teaching：教えること）」の傾向が強かったということです。コーチングが導入される前には、いかに情報を効率的に伝達するかという「ティーチング」のあり方が探究されていたのです。

注10　プロフェッショナルコーチングは職階の高い上層部に提供されることが多いので、「エグゼクティブコーチング」とされる場合もあります。エグゼクティブともなると、さまざまなストレスを抱え「毒性感情（Emotional toxin）」を抱えます。またエグゼクティブは非常に迅速なアクションを求められますので、振り返りが苦手な人もおり、このことは、自己能力の過大評価につながります。プロフェッショナルコーチングによるこのような毒性感情の解毒と振り返りの促進は、エグゼクティブの成長にとって重要であるという議論もあります。

Campbell, Q. J. and Macik-Frey, M. (2004) "Behind the mask coaching through deep interpersonal communication" *Consulting Psychology Journal: Practice and Research*, Vol.56(2), pp.67-74

注11　マネジリアルコーチングに関する研究は枚挙に暇がありません。近年では、理論研究のみならず、実証実験が世界中で行われています。

Agarwal, R., Angst, C. M. and Massimo Magni (2009) "The performance effects of coaching: A multilevel analysis using hierarchical linear modeling" *The International Journal of Human Resource Management*, Vol.20(10), pp.2110-2134

Ellinger, A. D. and Bostrom, R. P (1999) "Managerial coaching behaviors in learning organization" *Journal of Management Development*, Vol.18(9), pp.752-771

Kim, S. (2014) "Assessing the influence of managerial coaching on employee outcomes" *Human Resource Development Quarterly*, Vol.25(1), pp.59-85

これを別の名前では、**「導管モデル」**[注12]と呼ぶこともあります。導管モデルとは、

①情報はモノを受け渡すかのように「伝達」することができる

②学習とは、「有能な人」から「有能でない人」に対する情報の「伝達」によって引き起こされる

という考え方のことです。ちょうど図表7のように、上司の頭から部下の頭にパイプが伸びており、このパイプを伝って情報が上司から部下の頭めがけて「伝達＝注入」されるようなイメージです。

こうした一方向の部下育成手法や考え方が主流であった中で、コーチングという「学習者に気づきを促す部下育成手法」が、影響力を持ったこと自体は、まったく悪いことではありません。コーチングは、上手に活用すれば、非常にパワフルな威力を発揮します。誤解を避けるために申しあげますが、私は、人材開発の専門家の一人として、部下育成手法としてのコーチングは効果があるものだと思っています。

しかし、当時のコーチングの「導入・紹介のされ方」は誤解も少なくありませんでした。当時、コーチングはティーチングを「仮想敵」として、現場に導入される傾向がありま

した。すなわち、「コーチングこそ部下育成の手法として素晴らしく、ティーチングは時代遅れの部下育成手法である」と喧伝《けんでん》されて、ティーチングを否定しつつ現場に導入されていったのです。その結果、「今後の部下育成はコーチングでなければならず、ティーチングはやってはいけない」と現場のマネジャーたちに対して研修やセミナーなどが展開される傾向があったのです。要するに「あなたは教えてはいけない、相手に気づかせるべきだ」というかたちで、コーチングは現場に普及していきました。

この背景には、「コーチング」をビジネスとして普及させる側の「論理」が透けて見えます。要するに、二極化した議論を行った方がわかりやすいし、売れやすいのです。

かくして、部下育成はティーチングが全否

図表7　導管モデルのイメージ

注12　Reddy, M. (1979) "The conduit metaphor : A case of frame conflict in our language about language" In Ortony, A. (Ed), Metaphor and Thought, Cambridge University Press, pp.284-324

定され、コーチング一色になりました。すなわち、

・これからの時代の育成手法はコーチングである。今後の部下育成では、ティーチングをしてはいけない。上司は、問いかけを行うことと、部下の話を傾聴することによって「相手の中にある答えを引き出さなければならない」

・コーチングではティーチングと違って、部下が自発的に語ることを重視しなくてはならない。上司は喋ってはいけない

といったかたちで、ティーチングを否定し、それを仮想敵にすることで、コーチングの普及が行われる傾向がありました。

もちろん、心あるコーチの方々、志あるコーチングの推進団体の方々は、上司による情報提供や指導が必要であることも、同時に主張していたのだと思います。しかし、一〜二時間程度のワンショットの即席コーチング研修が乱発され、コーチングの技術を短時間で身に付けてもらおうとした結果、参加者の頭の中には、「コーチングは良いもので、ティーチングは悪いもの」

「部下が語ることは良いことで、上司が喋ることはダメなこと」という認識が広がってしまったと思います。

そして、「部下に対してはコーチングが大切なのだから、ティーチングはいけない。上司は部下に教えてはいけない／情報提供をしてはいけない」といった具合に、「間違った育成神話」が広がることになりました。「教えない上司」「言わない上司」が増え、むやみやたらに「気づかせようとする上司」が増えていったことに、コーチングの普及過程における行きすぎたロジックの展開があったことは明白だと思います。

しかし、冷静になって少し考えれば、こうした「二極化した部下育成」がうまくいかないことは誰にでもわかります。部下育成には、ティーチングが必要な局面も、コーチングが必要な局面も存在するのです。それは「ケースバイケース」なのです。

たとえば、業務経験がまったくない新人に対して、「君はどうすればいいと思う？」などとコーチングの手法を用いて問いかけても、本人の中に蓄積されている業務経験がない状態では、問いに答えようがありません。何もないものの内面を「まさぐって」も、何も出てこないのです。それでも、何か言わないとその場が収まりませんから、そうすると部下は、上司が満足しそうな答えを探して答えるようになります。

こうして、部下は、自分の頭で考えずに上司の顔色をうかがう思考停止状態に陥り、伸び悩む。一方、上司は本当に教えたり、言わなければならないことを手控えてしまう。

かくして、上司は上司で、研修で身に付けたコーチングを職場に導入しても人が育たないので、何をしていいのか、ますます混乱してしまったわけです。読者の方の中にも、コーチングに対してネガティブな印象を抱いている方は少なからずおられるのではないかと思います。先だっても、ある管理職の方から、こんな相談を受けました。

「先生、コーチングって知ってますか？　いや、会社が研修を受けろっていうからね、研修を受けたんですけどね。教えちゃダメだって言うんですね。相手に気づかせるんだって。でも、知識もスキルも何にもない新人の内面をまさぐっても何にも出てきやしませんよ。教えたらダメって言われても、教えなきゃ仕方ないでしょうが。仕事、覚えられないですよ、そんなんじゃ。先生、どうしたらいいですか？」


フィードバックがこれからの部下育成のカギを握る

では、部下を育てるためには、どうすればいいのか――。

そこで重要になってくるのは、既述した二項対立である「コーチングなのか？　ティーチングなのか？」という視点を越え、コーチングよりもさらに広い視座で、部下育成の問題をとらえることです。

くどいようですが、コーチングのような「相手本位」の手法を取り入れるということ自体は、間違っていません。私は人材開発の専門家として、コーチングの効果性に関わる全世界の研究に目を通しています。しかし、上司からの問いかけを通して相手から引き出そうとするだけでは、やはり限界があります。ときには、ティーチングのように、こちらの意図や意見をしっかりと伝達することも必要です。とりわけ、耳の痛いことであっても、本人の成長を考えるならば、伝達しなくてはならない場合もあります。

一方、「一方向に情報を伝達すること」だけ行っても人は育ちません。しっかりと相手に必要な情報を伝達したあとには、彼らに問いを投げかけ、「考えさせること」が必要ですし、自分の仕事のあり方を「振り返らせること」が必要です。要するにコーチング的な要素も必要なのです。

この十年の迷走を踏まえ、私たちは今一度この「二極化した思考」を改める必要があります。「気づかせるのか？　それとも教え込むのか？」という二項対立の状況に終止符をうち、これらのバランスをとりながら、部下育成を行う必要があります。かくして注目されているのが、これら二つを大きく包含する概念であるフィードバックです。

フィードバックに関する定義は、学問分野ごとにさまざまにありますが、本書では、次の二つの要素から成立するものであると考えます。[注13]

フィードバックとは、

1.【情報通知】

たとえ耳の痛いことであっても、部下のパフォーマンス等に対して情報や結果をちゃんと通知すること（現状を把握し、向き合うことの支援）

2.【立て直し】

部下が自己のパフォーマンス等を認識し、自らの業務や行動を振り返り、今後の行動計画をたてる支援を行うこと（振り返りと、アクションプランづくりの支援）

の二つの要素から成立します。

これら二つの働きかけを通して、部下の成長を促進するのがフィードバックです。
このうち1の「情報通知」はどちらかというと「ティーチング（一方向的な情報伝達）」

注13　フィードバックにはさまざまな定義がありますが、一般的には「ある人の課題のパフォーマンスに関する情報を与えることをめざして、外的エージェントによってなされる行動・働きかけ・情報通知」を指します（Kluger and DeNisi 1996）。

　フィードバックでは、まずは、「外部からの情報通知」によって、自分の行動に乗り越えるべきギャップが存在することを認識すること、自分の行動をモニタリングすることができるようになることが最大のポイントになります（Sadler 1989）。

　しかし、単に「情報を通知」するだけでは「自己のモニタリング」が高まらない可能性があります。自己のモニタリングが高まるためには、自分の行動やあり方を客観視し、メタに見つめることができなくてはなりません。そのためには、情報通知のあとには、部下に振り返りを促すことにつきあう必要があります（Sadler 1989）。フィードバックの効果は、今の自分の状況を振り返り、新たな目標設定とともに行うことで高まることも知られています（Kluger and DeNisi 1998）。

　このような事情に鑑み、本書ではフィードバックを「情報の通知」「立て直しの支援」という二つの要素に分けて考えることにします。

Kluger, A. N. and DeNisi, A. (1996) "The effects of feedback interventions on performance: A historical review, a meta-analysis, and a preliminary feedback intervention theory" *Psychological Bulletin*, Vol.119 (2), pp.254-284
Kluger, A. N. and DeNisi, A. (1998) "Feedback interventions: Toward the understanding of a double-edged sword" *Current Directions in Psychological Science*, Vol.7(3), pp.67-72
Sadler, D. R. (1989) "Formative assessment and the design of instructional systems" *Instructional Science*, Vol.18 (2), pp.119-144

図表8　フィードバックの概念図

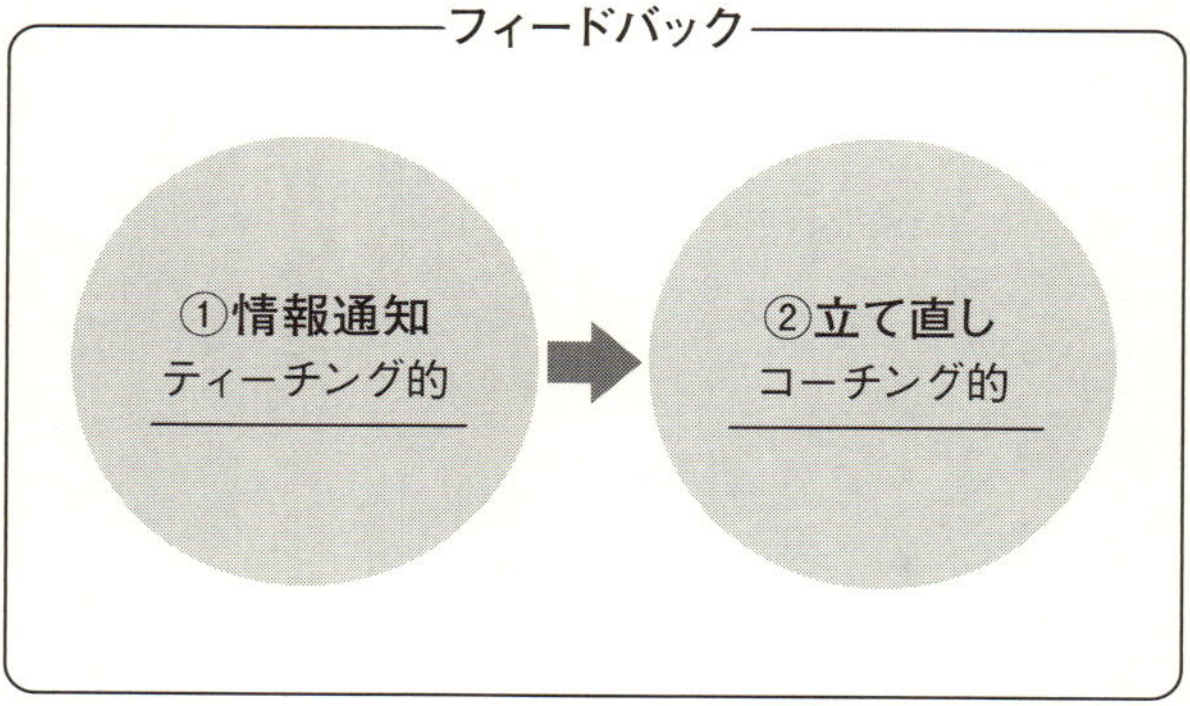

に近いものがあり、2の「立て直し」は「コーチング（振り返りの促進）」に近いものがあります。図にしてみると、図表8のようになります。**フィードバックの概念は、情報通知という側面（ティーチング的・一方向の情報伝達）と、立て直しの側面（コーチング的・振り返りの促進）の二つを含みうるものである**ということです。[注14] 要するに、フィードバックは「ティーチング」と「コーチング」を含みこむ、より包括的な部下育成手法なのです。

このフィードバックの考え方こそ、部下育成において必要性が高いにもかかわらず、現代の日本企業のマネジャーたちが最も苦手としている技術だと、私は考えています。

続く二章では、フィードバックを行う基礎的なテクニックについて論じていきますが、まずその前に部下育成の基本理論についてもおさらいをしておきます。

読者の中には、フィードバックのテクニックを手っ取り早く教えてほしい、という方もいらっしゃるでしょうが、「大人はどのようなときに学ぶのか？」という基礎的な知識がないままフィードバックのテクニックだけを学んでも、実際の部下育成はできません。

それは、「武器」を手にしていても、「武器の使い方」についてはまったく教わっていない状況に似ています。いくら「鋭い武器」を持っていても、それをどんなときに、どのように用いればいいのか、また相手との間合いの取り方はどうあるべきなのかがまったくわかっていないのです。

続く第二章では「部下育成の基本理論」について学んだ上で、「フィードバックの技術」についてしっかりと学んでいくことにします。

注14　マネジリアルコーチングの先行研究の中には「フィードバック」をコーチングの内部に位置づける考え方もあります。筆者としては、それでもまったく問題ありません。いずれにしても、最も重要なことは二極化した議論をしりぞけ、情報通知と立て直しという二つの側面をバランスよく保った部下育成を実現することです。

第一章　まとめ

●昔の部下が勝手に育っていた理由

・「長期雇用」／「年功序列」／「タイトな職場関係」
⇒これらの崩壊

●マネジャー側の社会的変化

・突然化・若年化
・マネージングプレーヤー化

●部下側の社会的変化

・若手社員とのコミュニケーションが難化
・部下も多様化
⇒元上司、派遣社員、外国人

●部下育成の歴史

・もてはやされたコーチング、軽視されたティーチング
⇒「コーチングは良いもので、ティーチングは悪いもの」という認識が広がる
・しかし、コーチングとティーチング、どちらか一方だけでは部下は育たない

●フィードバックこそ、最強の部下育成方法

・上記2つの部下育成を包含するのが「フィードバック」
1.【情報通知】＝ティーチング的
たとえ耳の痛いことであっても、情報や結果を通知すること
（現状を把握し、向き合うことの支援）
2.【立て直し】＝コーチング的
部下が自己の業績や行動を振り返り、行動計画をたてる支援を行うこと
（振り返りと、アクションプランづくりの支援）

第二章

部下育成を支える基礎理論
フィードバックの技術　基本編

部下育成の基礎理論：「経験軸」と「ピープル軸」で考える

第一章では、なぜ現代のマネジャーが部下育成に苦しんでいるのか、その社会的な原因と考えられる仮説を述べるとともに、その問題を解決するには、フィードバックがカギを握ることをお話ししました。本章では、フィードバックのやり方について具体的に論じていきたいとは思いますが、その前に、部下育成の基礎知識について学ぶことにいたします。「パワフルな武器」を手にしていても、それだけではその武器を使いこなすことはできません。フィードバックの効果をさらに高めるためには、そもそも「部下は仕事の現場でいかなる場合に育つのか」、その基礎・基本を押さえておくことが大切です。

読者の皆さんの中には、「そんなことはわかっているよ」と思う方もいるかもしれませんが、そのメカニズムを整理して話せる人は、かなり少数です。知っているという方も、おさらいのつもりで、ほんの少しだけおつきあいください。

さて、それでは部下育成の基礎理論・原理原則とは何でしょうか。専門的にはさまざまな議論がありますが、私が管理職の方々にお伝えしたいものは、二つだけです。それは

「経験軸」と**「ピープル軸」**です。部下育成を行うときには、この二つの軸――経験軸とピープル軸をしっかり押さえてください。自分が育てようとする部下を「経験は足りているか？」「ピープルは十分か？」という二つの方向から考えるくせをつけてください。

経験軸――部下に適切な業務経験を与えているか？

まず「経験軸」とは、**「部下を育成するためには、実際のリアルな現場での業務経験が最も重要である」**という考え方です。拍子抜けしそうなほどの常識ですが、しかし、マネジャーの中には、「研修」や「教室」での授業で業務がうまくできるようになると考えていらっしゃる方はいないでしょうか。実は、三十年ほど前まで、人材開発の世界では、研修や教育プログラムの研究や評価が非常に盛んでした。つまり、部下育成は「研修」や「公式のプログラム」の果たす役割が大きいと考えられていたのです。

それが二十年ほど前に見直され、やはり「業務経験こそが最も大きな成長の資源である」という考え方が広まってきました。[注15] こうした考え方は、少し前まであまり一般的では

注15　中原淳（2012）『経営学習論』東京大学出版会

図表9　経験学習に必要なストレッチ経験

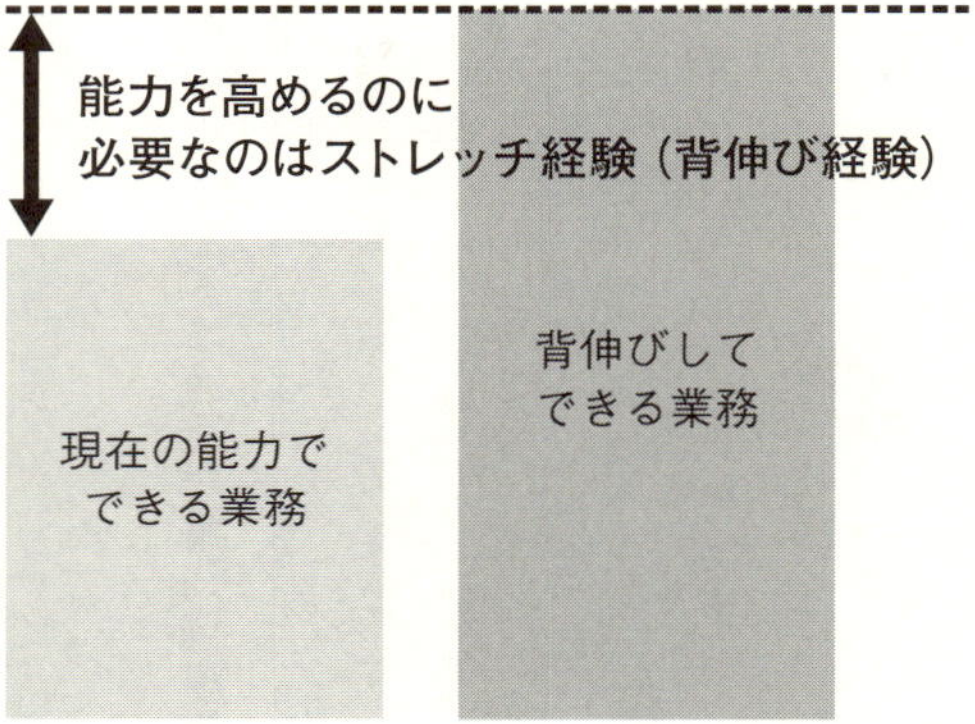

なかったのです。

人材開発の世界では、業務経験から学ぶことを「経験学習」といいます。どんなに洗練された教育プログラムがあったとしても、「経験学習」に勝る教育はありません。[注16]「経験軸」とは「経験学習」の重要性を主張する考え方です。

その次に、「業務経験が成長の資源」であることはわかったけれども、部下には、一体、どんな業務経験を積ませることが「適切」だと言えるのでしょうか。経験学習の理論は、この問いに対して図表9のように答えます。図中左のバーは「現在の能力でできる業務」のレベルを表しています。対して、右のバーは「ちょっと無理をすれば何とかこなせる業務（背伸びしてできる業務）」のレベルを示しています。経験学習には、このように「現在の能力でできる業務」のレベルよりも、すこし高めの業務（背伸びしてできる業務）を任せていくことが重要です。

「現在の能力でできる業務」と「ちょっと無理をすれば何とかこなせる業務」の間のレベル差のことを、「ストレッチ経験」といったり、「背伸び経験」といったりすることがあります。要するに、部下の能力を伸ばすためには、少し背伸びしなければならない難易度の仕事を任せていかなくてはならないということです。

この考え方の理解をさらに深めるため、この状況を別の図でも表現してみましょう。次ページの図表10は、仕事を割り当てられたときの部下の心理状態を大きく三つに分けて表したものです。

まず、一番真ん中の**「コンフォートゾーン（快適空間）」**とは、その仕事をしていても、さほどストレスを感じない心理状態を表しています。何度も経験してきてやり慣れているルーチンワークや、プレッシャーのない事務仕事などをしている状態がこれに当てはまり

注16　経験学習の重要性を実証的に検証した先駆的研究が松尾（2006）の研究です。
松尾睦（2006）『経験からの学習―プロフェッショナルへの成長プロセス』同文舘出版

図表10　部下の3つの心理空間

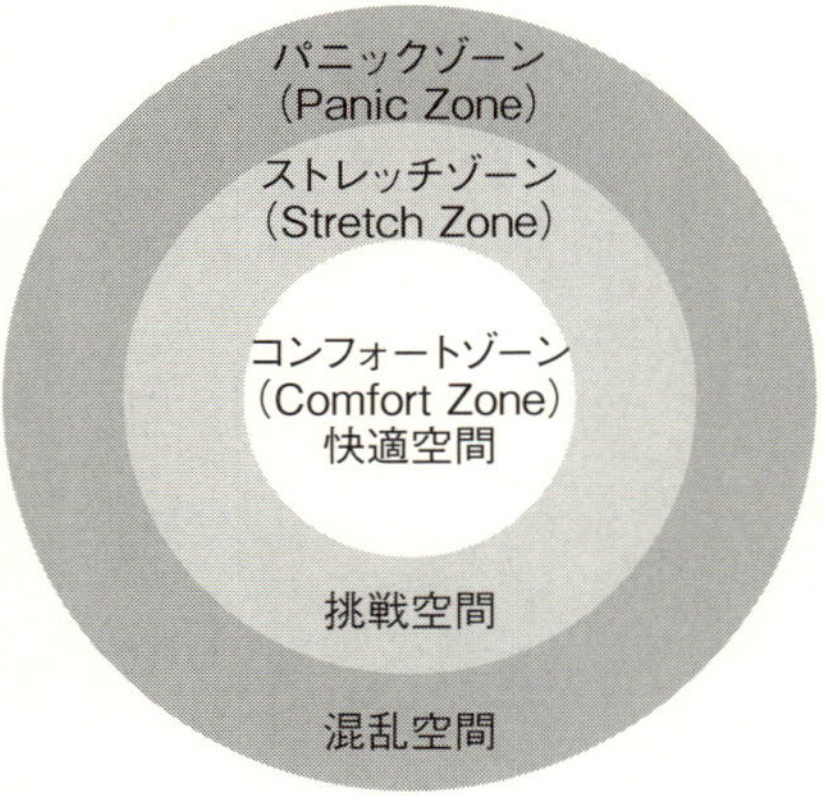

出所）中原淳（2014）『駆け出しマネジャーの成長論』中央公論新社 p.125より、一部加筆修正のうえ掲載

ます。たとえまったく新規の仕事だったとしても、これまでの業務経験やノウハウに当てはめれば、それほど苦労なくできてしまうことが予想される仕事でも、このような心理状態になるでしょう。

コンフォートゾーンのままでいられる仕事では未知のチャレンジをする必要がありません。だから、「どんな結果が出るかわからなくて恐い……」という恐怖やストレスを感じることがありません。仮にトラブルが起こったとしても、ある程度は予見できますから、冷静に対処できます。こうした仕事をしているときは、ほんわかとした気持ちになり、心地よささすらあります。

一方、一つ飛んで同心円の最も「外側」にあるのが、「パニックゾーン（混乱空間）」です。与えられた仕事が、失敗するリスクが高く、強い不安やプレッシャーを感じるような心理状態です。

「今まで経験したことがなく、どうすれば完成にこぎつけられるのかがまるで見えない」「自分の能力よりもはるか上をいっている」「納期が短すぎて期日までに終わる見通しがまったくつかない」「必要なスタッフの質も量も全然足りていない」といった仕事を与えられたときに、こんな心理状態に陥ります。

「コンフォートゾーン」でいられる〝ぬるま湯〟の仕事を与えても部下が成長しないのは言うまでもありませんが、「パニックゾーン」に陥るような仕事をさせても、部下はなかなか成長しません。あまりに失敗するリスクが高すぎると、よほど強靭《きょうじん》なメンタルを持っている人でない限り、悪いことばかりが頭をよぎり、本来の能力を発揮できなくなるからです。

かつては、人材育成の業界では「精神論」や「根性論」が横行し、「部下を成長させるには、二階に上げてハシゴを外せ」といった言説がもてはやされた時代もありましたが、それがうまくいったのは、何もしていないように見せかけて、実は影で手厚いフォローをしてくれるようなマネジャーがいたからです。それも仕事の時間に余裕があったので、そういうマネジャーが存在できていたわけです。

厳しい仕事を任せて、ほとんどフォローしないでほったらかしたりすれば、部下はメンタルをやられて出社拒否を起こしたり、不満を爆発させて逆ギレしたりするだけです。それを見て「最近の若い者は情けない」などと言う上司は、あまりにも無責任です。

それでは、どんな業務経験を与えれば、着実に成長できるのか。

正解は、コンフォートゾーンとパニックゾーンの中間に位置する**「ストレッチゾーン（挑戦空間）」**の心理状態になるような仕事を与えることです。

ストレッチゾーンとは、適度にチャレンジや背伸びをしているときの心理状態のことです。できるかできないか多少の不安はあるけれど、それよりも成長している実感や、新たな仕事を遂行できるワクワク感の方が勝っている心理状態です。

わからないことはたくさんあり、うまくいくかはわからないけれども、今まで磨いてきた能力を最大限に発揮すればなんとか太刀打ちできる。そんな仕事をしているとき、このような心理状態に入っていきます。

ですから、マネジャーは、どのような仕事を与えれば、部下が「ストレッチゾーン」になるかを常に考えて、仕事を割り振らなければなりません。

オーストラリアのテニスチームの監督を二十五年に渡って務めたハリー・ホップマンという人がいます。彼は、テニスの四大大会で年間グランドスラムを二度も達成した唯一の選手ロッド・レーバーや、四大大会を一七度も制した〝悪童〟ジョン・マッケンローを育てた名伯楽ですが、彼はまさに選手を「ストレッチゾーン」に入れる名人でした。練習のときに、「選手が伸ばしたラケットのボール一個分だけ先に、ボールを出す」「それに届いたら、さらにボール一個分だけ先に」と、選手が打ち返せたときに自信になるようなところにボールを打ち、その能力や精神力を鍛えていったのです。

これと同じように、マネジャーも、部下には「能力よりも少し高いレベルの仕事」を与えていく必要があるのです。

ピープル軸――「点」ではなく、「面」による部下育成

部下育成のための基礎理論の中でもう一つ大事な原則があります。それは「ピープル軸」と呼ばれる原則です。

ピープル軸とは、ワンセンテンスで申しあげますと、**「人が業務の中で成長するのは、職場の人たちから、さまざまな関わりを得られたときである」**という考え方です。

先ほどの経験軸は部下成長の資源を「経験」に求めましたが、ピープル軸では、これを「人」に求めます。職場の中で「人と人の関わりの量」や「人間関係の質」が良ければ良いほど、人は、さまざまな気づきを得て成長するきっかけを持ちます。

中には「孤高の人」もいるのかもしれませんが、一般的には、人は「孤独」の中からは学べません。コミュニケーションや関わりのあるところにこそ、学びがあり、気づきがあります。

それでは、人は、職場で他者からのどのような支援を必要としているのでしょうか。ここでは筆者の研究を例に挙げて、人にはどのような職場での支援が必要なのかを考えてみたいと思います。

図表11　「ピープル軸」のプロセス

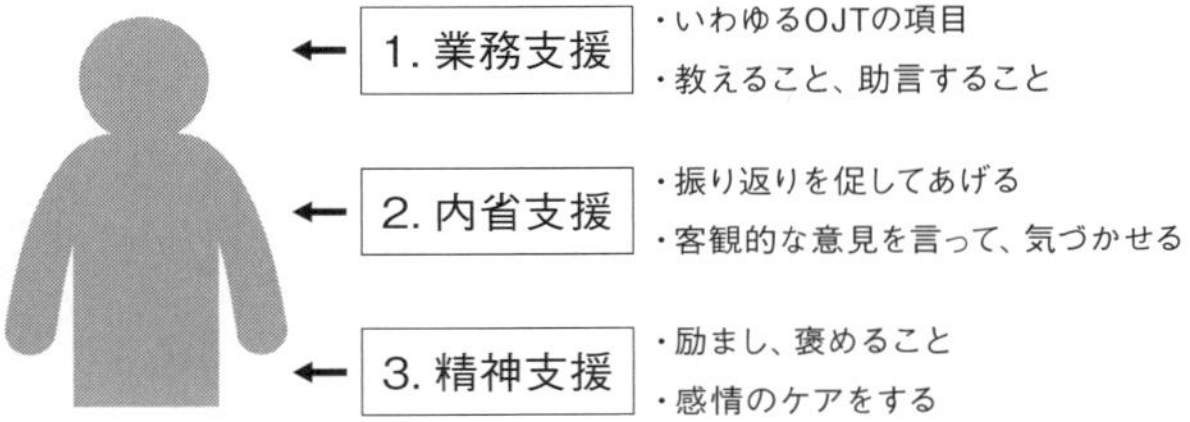

筆者の研究[注17]によれば、職場で人が育つためには、三つの他者からの支援が必要であることがわかりました。大きく分けて「業務支援」「内省支援」「精神支援」の三つです（図表11）。

一つ目の「業務支援」とは、相手が持っていない専門知識やスキル、情報などを教えることや助言することです。これはどちらかというと、一方向的な情報の提示に近い概念です。先述したように、経験の浅い人であればあるほど、人は、情報を必要とします。内面に何ら経験や知識が蓄積されていないのに、自分の頭で考えることはなかなか難しいものです。

二つ目の「内省支援」は、客観的な意見を通知したり、俯瞰《ふかん》的な視点や新たな視点を提供して、本人の気づきを促す支援のあり方です。これは上司や先輩、はたまた場合によっては同僚

注17　中原淳（2010）『職場学習論』東京大学出版会

などから、自分の気づかない点、自分の盲点の指摘を受け、自分の行動や認知のあり方を振り返ることです。
三つ目の「精神支援」は、励ましたり、褒めたりすることで、部下の自己効力感や自尊心を高めることです。

人が育つためには、これらの支援を上司や先輩など職場の他者から過不足なく、バランスよく受けることが大切といえます。業務支援が足りないと必要な業務知識が得られません し、内省支援が足りないと、先述したような「内省」が十分に行われなくなります。また、精神支援がないと、落ち込んだり、自信をなくしたりする状態が続くので、心を病んでしまう可能性もあります。一見当たり前のように感じるかもしれませんが、あなたの職場の業務支援、内省支援、精神支援は十分足りているでしょうか。

さて以上、部下育成の基礎理論を学んできました。部下育成のためには、これまで述べてきたように、「経験軸」と「ピープル軸」の両面から育成環境を整えることが非常に重要です。すなわち、部下をストレッチゾーンに入れるような業務経験を与え、「業務支援」

図表12　職場の4タイプ

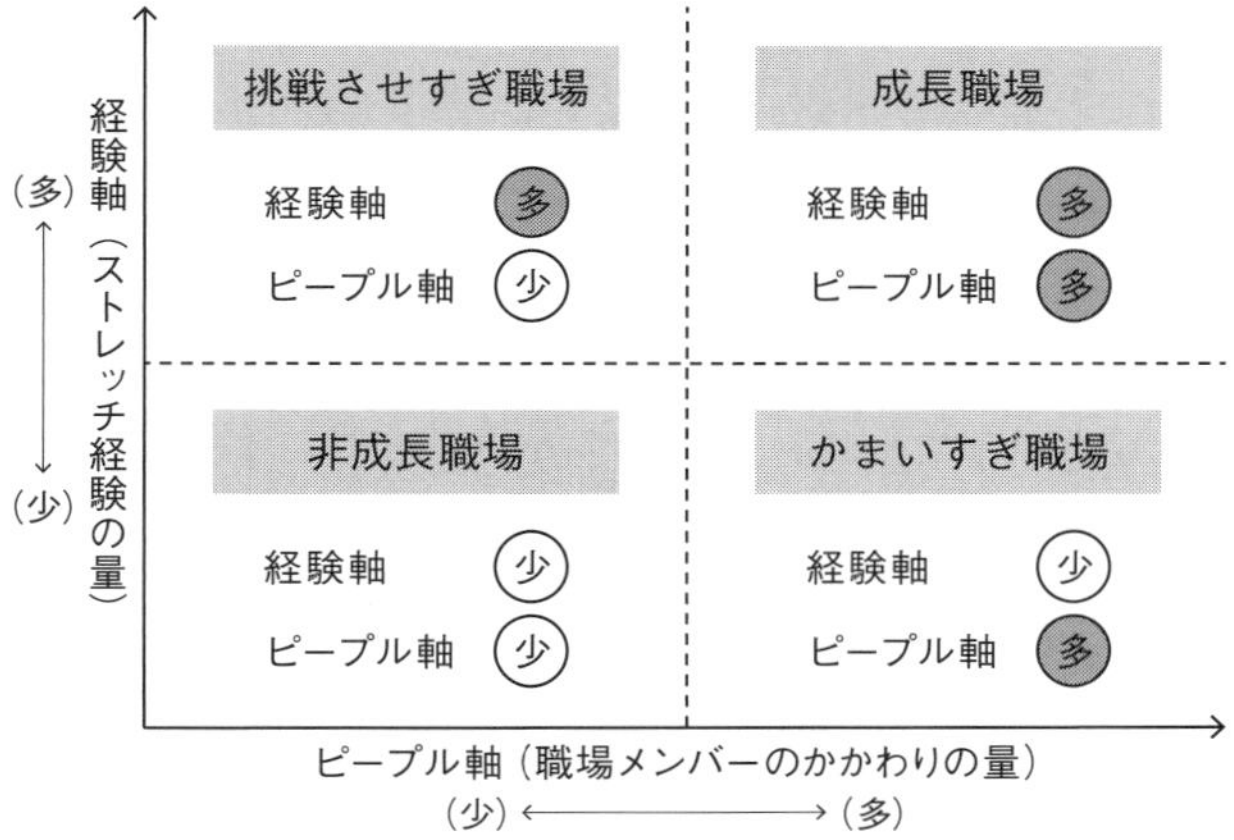

「内省支援」「精神支援」を得られるような育成機会を準備すれば、理論上、部下は育っていくはずです。

これを二軸で表現すると、図表12のようなマトリクスが得られます。縦軸に「経験軸」、横軸に「ピープル軸」をとり、この二軸によって四つの空間——「成長職場」「挑戦させすぎ職場」「かまいすぎ職場」「非成長職場」が得られます。ぜひ、あなたの職場がどのような状況かを振り返ってみましょう。

さて、それではこれらの基礎理論が、本書のテーマでもある「フィードバック」とどのような関係があるのか、見ていくことにしましょう。

部下育成の基本理論とフィードバックの関係

第一章の復習になりますが、フィードバックという言葉は、次の二つの要素から成っています。

1.【情報通知】
たとえ耳の痛いことであっても、部下のパフォーマンス等に対して情報や結果をちゃんと通知すること（現状を把握し、向き合うことの支援）

2.【立て直し】
部下が自己のパフォーマンス等を認識し、自らの業務や行動を振り返り、今後の行動計画をたてる支援を行うこと（振り返りと、アクションプランづくりの支援）

では、これら二つの要素は、部下育成の基本理論や原理と、どのような関係にあるのでしょうか。

まず「経験軸」の方から見ていきましょう。

「経験軸」で見てきたように、人が業務能力を高めるためには「ストレッチのある挑戦」に向かうことが重要です。人はコンフォートゾーンに安住していては、能力を高めることができません。「日常の惰性」を何らかのかたちで越え、挑戦を行うことがまず重要なのです。

しかし、難易度の高いストレッチの仕事というのは「諸刃《もろは》の剣《つるぎ》」でもあります。まず、それは、その困難度やハードルの高さゆえに、それに取り組んでいる間は、取り組んでいる本人には、何がうまくいって、何がうまくいかなかったのか、また現在、自分がどのような状況にいるのかが「不可視」になりがちです。仕事に追われ、困難さにたじろいでいる間に、「試行錯誤の迷路」に迷い込み、自分の「立ち位置」がわからなくなってしまうのです。故に、挑戦し試行錯誤をしている彼らには、自分がどのような状況にあるのかに関する客観的な情報が必要になります。

また、難易度の高いストレッチの仕事とは、当然のことですが、失敗につながる可能性が高くなります。しかし、誰しも人間ですので、失敗した経験に向き合うことは非常に難しいのが現状です。ついつい、自分のしてきたことや結果から目を背け、なかったことにしたり、他人や環境のせいにしたりすることが起こります。

ここで必要になるのが「フィードバック」の構成要素のうちの「情報通知」です。「情報通知」では、マネジャーであるあなたが、部下の行動やパフォーマンスに関する情報を客観的に伝え、彼らが現実と向き合うための支援を行います。挑戦を行い、失敗の入り込む余地が増えるからこそ、そこにフィードバックが必要なのです。

本人の成長にとって最も重要なことは、外部からの情報通知によって、自分の行動に乗り越えるべきギャップが存在することを認識し、自分の行動や結果にしっかりと「向き合うこと」です。フィードバックの第一の要素は、これを支援します。[注18]

次に、「ピープル軸」の方を見てみましょう。ピープル軸では、「業務支援」「内省支援」「精神支援」という三つの異なる支援を他者から受けることが重要であるという考え方を学びました。

ここでフィードバックに視線を戻してみると、「情報通知」とはピープル軸の「業務支援」に、「立て直し」とは「内省支援」と「精神支援」に近いことがわかります。以下、これを順に見ていきましょう。

「情報通知」では、一般に部下の現状を伝え、めざすべきゴールを意識化させる働きかけが行われます。多くの場合、こちらから情報を提示しているので、「業務支援」に近いものです。

また、経験の浅い部下の場合には、それだけでは不足することもあります。その際に必要なのがティーチングであり、助言や指導です。これも「業務支援」に近い考え方です。

一方、「立て直し」ではいかがでしょうか。立て直しでは、一般に、部下が自己のパフォーマンス等を認識し、自らの業務や行動を振り返り、今後の行動計画をたてる支援が行われますが、これは先のピープル軸における「内省支援」と符合します。

また、部下が今後の行動計画をたてる際には、それらを承認し、自己効力感（自分はやればできる！と思う感覚）を高めてあげる必要があります。その意味では、フィードバックにおける「立て直し」は、「精神支援」を含む概念になります。

注18　Sadler, D. R.（1989）"Formative assessment and the design of instructional systems" *Instructional Science*, Vol.18（2）, pp.119-144

このようにフィードバックは、部下育成の基礎原理である「経験軸」や「ピープル軸」と密接な関係を持っている部下育成法ということになります。

しかし、ここで最も重要なことは、フィードバックだけを与え続けても部下の成長を望むことはできないということです。私たちは部下育成の基礎理論・原理原則にのっとり、適切なタイミングでフィードバックを行う必要があります。具体的には、私たちは、部下にストレッチを含む経験を提供し、結果に関する情報通知や振り返りを促し、彼らの自立をサポートしていかなくてはなりません。フィードバックを通じて、成長に資する資源を部下に提供しなくてはならないのです。

それでは、次はいよいよフィードバックの具体的なやり方について考えてみることにしましょう。

耳の痛いことを伝えて立て直すフィードバックの技術

それでは、相手のパフォーマンスの向上につながるようなフィードバックを実際に行うには、どんなことを意識すればいいのでしょうか。

結論から示せば、

【事前】……情報収集
↓
【フィードバック】
①信頼感の確保
②事実通知：鏡のように情報を通知する
③問題行動の腹落とし：対話を通して現状と目標のギャップを意識化させる
④振り返り支援：振り返りによる真因探究、未来の行動計画づくり
⑤期待通知：自己効力感を高めて、コミットさせる
↓
【事後】……フォローアップ

となります。ここで大切なのは、次ページの図表13のように「フィードバック」は事前と事後をも含めてフィードバックであるということです。

図表13　フィードバックのプロセス

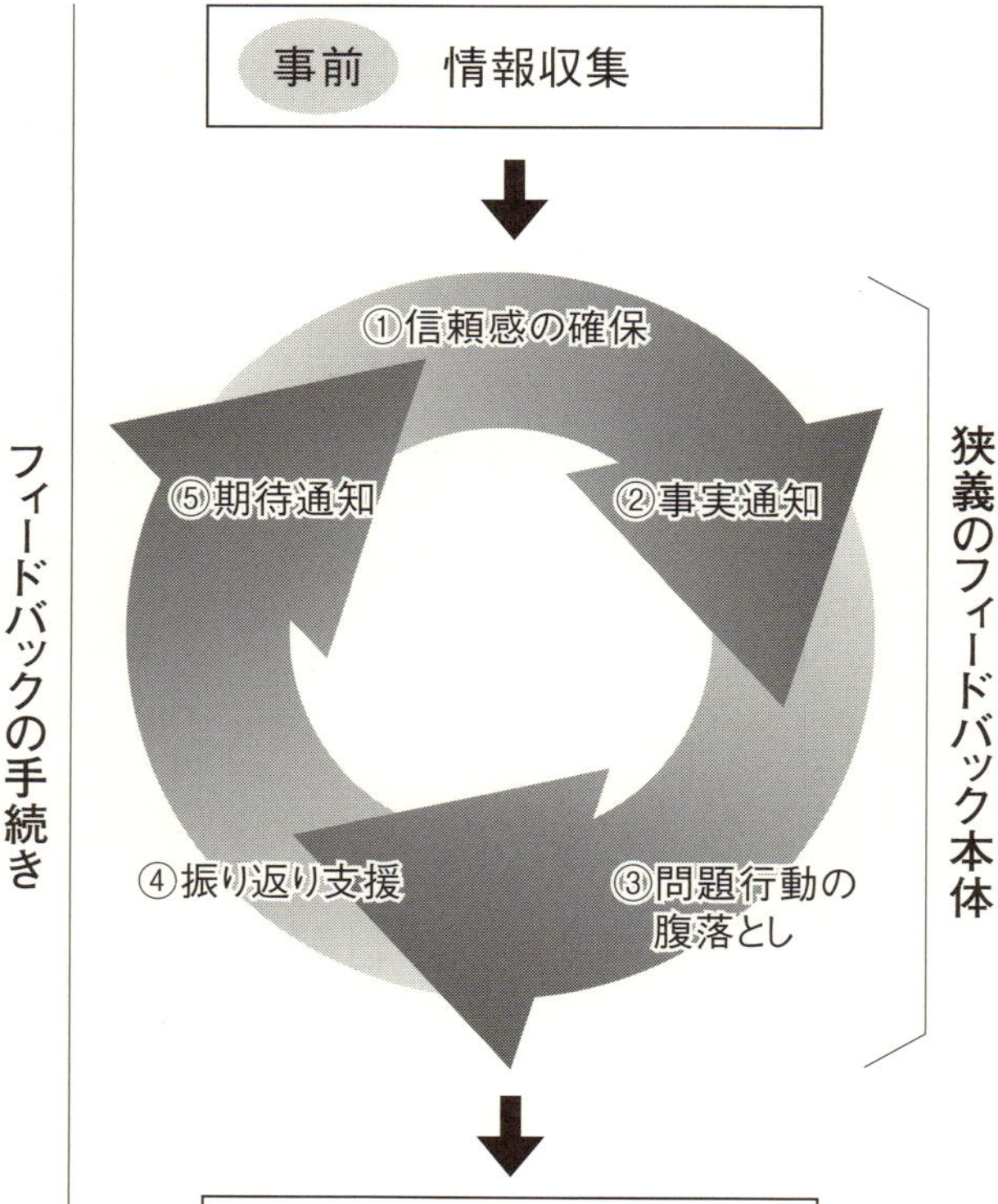

フィードバックはパワフルな部下育成方法ではありますが、そのやり方を間違ってしまうとパフォーマンスの向上にはつながりません。[注19] そのために、これらのポイントを一つひとつ詳しく見ていきましょう。

【事前】情報収集

まずフィードバックをするときに最も大切なことは、「フィードバックから始めない」ことです。なにやら「禅問答」のようになってしまいましたが、要するに、フィードバックは、フィードバックにおける事前準備が最も大切であり、そこから勝負が始まっているということです。なぜなら、相手に刺さるようなフィードバックをするためには「できるだけ具体的に相手の問題行動の事実を指摘すること」が必要だからです。よって、私たちはフィードバックを行うために必要なデータを、事前に部下の行動を観察することで徹底

注19　研究の知見によれば三分の一のフィードバックはパフォーマンスの向上につながるどころか低下につながっています。フィードバックは諸刃の剣です。これから紹介する手順を参考に適切なフィードバックを行うことが重要です。
Kluger, A. N. and DeNisi, A. (1996) "The effects of feedback interventions on performance: A historical review, a meta-analysis, and a preliminary feedback intervention theory" *Psychological Bulletin*, Vol.119 (2), pp.254-284

的に収集していくことが求められます。

たとえば、最近あまり積極的に営業に向かわない部下に、「最近やる気ないいんじゃないか？」「もっと熱くなれよ！」などというフィードバックをする人がいます。が、こんな曖昧模糊《あいまいもこ》としたことをいくら言われても、相手の問題行動が良くなることはありません。部下からすれば、自分のどの行動がどう問題なのかが具体的に見えず、何を改善すべきなのかがまったくわからないからです。

あなたが「部下の仕事に対する真剣度が足りない」と思っているなら、そのことを「具体的な行動」などに噛み砕いて伝える必要があります。焦点をあてるべきは、相手の「具体的な行動」であり、「具体的行動が起こったときの事実」なのです。それらを観察することで、事前に情報収集しておくことが求められます。

図表13・14に見るようにフィードバックをするときに必要になるデータとして、「**SBI情報**」を準備しておくのがよいということは、実践知の一つとしてよく知られています。

ＳＢＩとは、シチュエーション（Situation）、ビヘイビア（Behavior）、インパクト（Impact）の頭文字をとったものです。

図表14　SBI情報

S＝シチュエーション（Situation）

⇒どのような状況で、どんな状況のときに……

B＝ビヘイビア（Behavior）

⇒部下のどんな振る舞い・行動が……

I＝インパクト（Impact）

⇒どんな影響をもたらしたのか。何がダメだったのか

・シチュエーション（どのような状況で、どんな状況のときに）
・ビヘイビア（部下のどんな振る舞い・行動が）
・インパクト（周囲やその仕事に対して、どんな影響をもたらしたのか。何がダメだったのか）

この三点を具体的に伝えることで、初めて、相手はあなたの言いたいことを理解してくれます。

たとえば、

「A社のプロジェクトを担当してもらったけれども（＝シチュエーション）君のスケジュール管理に不備があったことで（＝ビヘイビア）納期が一週間も遅れてしまったようだね（インパクト）」といった具合です。

前述したような「やる気」や「熱さ」のことについてフィードバックをするならば、「ここ半年の営業実績の件だけど、(=シチュエーション)電話でのアポイント件数が一日平均一〇件に達していないようだね(=ビヘイビア)営業実績が前年比で四割下がってしまっているよ(=インパクト)」というように、具体的に部下のどの行動(ビヘイビア)が問題なのかを指摘することで、部下は、どの行動を改善すべきなのかがわかります。より先のプロセスにおいては、そうした問題行動がなぜ起こってしまったのかについての真因探究を行えるのです。

これがもし、「やる気あるのか」といった指摘だけでは、何を改善していいかわからず、営業用の提案資料をよりつくり込むようにするなど、本質からかけ離れた行動を取ってしまうかもしれません。

成績不振やミスなどの要因は、自分ではわからないものです。それを突き止める手助けをすることは、フィードバックをするときには必須といえます。もちろん、相手を傷つけるような言い方をしないのは、大前提です。フィードバックは、相手の成長を願い、相手の意志をリスペクト（尊敬）した上で行う必要があるのです。

また、ＳＢＩは、「客観的な数字」に基づいて話すこともポイントです。すると、単なる印象論ではなくなり、話に説得力が生まれます。焦点をあてるべきは、改善したい相手の行動です。部下の行動を徹底的に「観察」し、「具体的行動」を収集しましょう。

このときに二つ大切なことがあります。

一つ目は、この段階では、上司の主観や解釈や評価をなるべく廃して、行動観察に徹することです。上司の主観や解釈や評価をこの段階で入れてしまうと、部下はその部分が気に障り、なかなか事実を受け入れられません。

たとえば先ほどのケースでいうと、

「ここ半年の営業実績の件だけど、俺は残念だよ（＝シチュエーション）。

電話でのアポイント件数が一日平均一〇件に達していないって、ありえないだろ（＝ビヘイビア）。

営業実績が前年比で四割下がってしまっているよ、どうしてくれるんだ（＝インパクト）」

といった具合に、事実として提示しなければならない部分に上司の「主観」が入り込むと、部下は、どうしてもそこが気になってしまいます。この段階では、なるべく主観を排して事実を収集することに徹してください。

二つ目は、収集するべきSBIはなるべく量を多くして、複数個以上用意しておくことです。情報量が多くなれば、部下の問題行動について多角的に検証することができ、さらに説得力が増します。情報のソースも複数持っていると、問題行動が「立体的」に浮かび上がり、確からしさもあがっていきます。

「1on1」でSBI情報を収集する下準備を

SBIを具体的に伝えるためには、常日頃から、部下の行動を観察し、SBI情報を収集することが必要です。

その上で欠かせないのが「1on1」（ワン・オン・ワン）、すなわち**一対一で行う「上司ー部下」の面談**です。近年では、短時間でもよいので、上司と部下間の面談の頻度をなるべくあげ、たとえば一週間に一度、部下の話を聞くといった取り組みが多くの企業で行われるようになってきました。[注20]

「１ｏｎ１」などの「上司―部下」面談で、最近の仕事の報告をしてもらい、「何が良くて何が良くなかったのか」「問題が起きたとしたら、原因は何なのか」「どのように解決するのか」などを聞いておけば、ある程度のＳＢＩ情報は入手できます。

最も重要なのは、その頻度です。面談自体は、すでに取り入れている職場も多いと思いますが、大部分の職場では、年に一〜二回ほど、期初・期末の目標達成度評価をする面談と同じタイミングで行う程度ではないでしょうか。

しかし、年に一〜二回の面談では、部下の悩みなどを把握することはできません。そのことは、すでに皆さんがよく実感されているのではないかと思います。だいたい、期末の面談時期などは、半年前に設定した目標など、上司も部下も覚えていないことの方が多いですし、そのあいだに問題行動が起こっていても、放置されていることの方が多いのです。

部下のことを把握するためには、短時間でいいので、頻繁に行うことです。一回にかけ

注20　「１ｏｎ１」を全社で導入している事例で最も有名なのが、ヤフー株式会社のケースです。同社執行役員の本間浩輔氏のリーダーシップのもと、「１ｏｎ１」を部下育成の基本ツールとして積極的に利用しています。
本間浩輔・中原淳（2016）『会社の中はジレンマだらけ―現場マネジャー「決断」のトレーニング』光文社

る時間は十五分程度でもかまわないので、隔週一回は行いたいものです。私の研究部門では、隔週で一回十五分、部下に対して「１ｏｎ１」を行っています。

それでは「１ｏｎ１」はいかに行うべきなのでしょうか。[注21]

まず、「１ｏｎ１」のときには、「部下が話したいことをしっかり聞ききる」ことを意識しましょう。

「聞く」という行為は、耳がついていれば誰でもできるわけではなく、なかなか難しいものです。特に、部下の話を途中でさえぎらず、最後まで聞ききることは、しっかりとしたトレーニングと経験を積まなければなかなかできないものです。自戒をこめて申しあげますが、「Hear（意識しなくても聞こえてくる）」はできても、「Listen（意識して聞こうとする）」ができないのです。相手が話していることを「そうだよね」とうなずきながら、部下の言っていることを理解する。そのような積極的・能動的な聞き方こそが、マネジャーに求められる聞き方です。

しかし、実際には、話している途中で、「でも、それって違うよね？」とか「それはちょっとおかしくないか」と話の腰を折ったり、ちゃんと聞かないで、自分が話すことを優先しがちです。心当たりのある方は意識しておきましょう。

ＳＢＩ情報を蓄積する上で、もう一つおすすめしたいのは、「朝の声かけ（職場回遊）」です。毎朝、出勤したときに、職場を回遊して、一人ひとりの部下に、一言、二言の声かけをすることです。

たとえば、私の場合は、自らの研究部門で進捗《しんちょく》状況が気になる仕事があれば、「あの仕事は順調に進んでる？」「けっこう難しい？」などと聞き、特に用がないときは「何かあった？」「何か困ったことある？」などと聞いています。また、他の誰かから、その人に特に気になる話題を聞いたときは、「○○君、最近××なんだって？」などと、聞いたそのままをぶつけます。

すると、「いやあ、実はそうなんですよ～」などと返ってくることは少なくありませんし、相手が話したいと思っているときは、待ってましたとばかりに、いろいろ話してくれます。

注21　本間浩輔・中原淳（2016）『会社の中はジレンマだらけ―現場マネジャー「決断」のトレーニング』光文社

朝の声かけは、部下が一〇人以下ならば、十数分あればできることなので、マネージングプレーヤー状態の超多忙な人にこそ、おすすめです。

部下と「1on1」や「朝の声かけ」をすると、その部下以外の人に関する情報もいろいろと入ってきます。「Aさんは仕事のミスが多くて困っている」「Bさんは頼んでおいた仕事をちゃんとやってくれない」など、他の人を批判するような話も入ってくることでしょう。

しかし、こうした話を、ただちに鵜呑みにするのは危険です。既述した通り、情報のソースは複数持ち、常に、その真偽を検証していくことが求められます。職場での情報は、常に「裏」をとる必要があります。

たとえば、「仕事をちゃんとやってくれない」のは、その人を批判している部下の頼み方が悪い可能性もあります。人は、なんでも、自分の都合のよいように話すものです。

にもかかわらず、第三者から聞いた噂をもとに、やり玉にあがった部下をいきなり叱ったりすれば、身に覚えのないことで突然叱られた部下を深く傷つけ、信頼関係を失う結果になることもあります。また、「マネジャーは、早とちりが多くないですか？」と返り討ちにあう可能性もあるでしょう。

こうした失態を防ぐために、私たちマネジャーが心がけなければならないことは、「**トライアンギュレーション（三角測量）**」をすることです。たとえば、Aさんについて何か良くない噂を聞いたら、「最近、Aさんってどうなの？」などと、第三者にも一度話を聞いてみるのです。

すると、「ああ〜、最近、ミスが多いですね」「お母さんの具合が悪いみたいですね」などと、さまざまな情報が入ってきます。その中で、だいたい三人くらいが同じことを言えば、それは限りなく真実に近いと考えられます。反対に、皆がバラバラのことを言っていれば、それは、誰かが思い込みなどで間違ったことを言っている可能性が大きい。こういうときは、少し様子を見た方が無難です。

このように、正しくSBI情報を収集していれば、部下の情報を入手できるだけでなく、部下の軌道をその都度ちょこちょこ修正できますから、それだけで部下は成長しやすくなります。問題も小さなうちに対処できるので、自分の部署で深刻な問題が発生することも少なくなるはずです。もしかしたら、厳しいフィードバックなど必要なくなるかもしれません。

①信頼感の確保

いよいよフィードバックの本格的な開始です。九四ページの図表13に見るように、ここから上司は情報のもれない個室などの閉鎖空間に部下とともに入り、「上司―部下」面談を行うことになります。

フィードバック面談のオープニングでは、まず、部下の「心理的安全」や「信頼感」を確保することが求められます。

まずは問題行動を抱えている社員を呼びましょう。一般にフィードバックは「ブラックボックス」の中で、上司―部下間で行われることが一般的です。部下はこれから耳の痛い話を突きつけられることになりますので、情報が漏れず、他の人の目に触れない場所を選ぶことが重要です。

別室に部下と入ったら、まずは席に座ります。このとき、机を挟んで面と向かって対面で座ることを好む方と、部下と斜めの関係で座ることを好む方がいます。これは単なる好みの問題かと思いますが、経験的には後者の方がフレンドリーになる傾向があるように思います。

しかし、いくらフレンドリーになるといっても、これから行われるのはフィードバックです。しっかりと相手と向き合い、目を見て、話をすることが求められます。

さて、会話が早速始まります。たいていの場合、雑談から始まるケースが多いと思います。相手のことをよく知っているという印象、相手のことを考えているという印象、相手のことに関心を持っているという印象を与えて、徐々に「過剰な緊張」をほぐしていきましょう。

最も重要なことは、こちらに対する**「信頼感」を確保していくこと**です。フィードバックが奏功するかしないかは、「何を言うか（What）」ということもさることながら、「誰に言われるか（Who）」が非常に重要なのです。相手に対してリスペクトをもって接し、信頼感を確保していくことが非常に重要です。フィードバックは、まずは相手の成長を願い、相手の意志をリスペクト（尊敬）する態度から始めましょう。どんなに厳しいことを言うにしても、そうしたものがベースになければ、人は行動を変えません。

②事実通知：鏡のように情報を通知する

初期の緊張を解除し、こちらに信頼感を感じてもらえたところで、いよいよ本題に入っていきます。たいていのフィードバック面談の冒頭は、

「ところで今日、A君に来てもらったのは、君の普段の行動で改善してほしいと思っていることがあるからなんだ。これから少しそのことについて一緒に話し合いたいと思う」

「ところで、今日は、B君の普段の行動で、僕が少し残念に思っていることを話したいと思っている。長くなるかもしれないけど、一緒に改善策を考えていこう」

といった切り出し方になるかと思います。

ここで大切なことは、このセッションの**「目的」を最初にストレートに述べてしまうこと、「一緒に話し合っていこう」「一緒に改善策を考えよう」と述べること**です。

回りくどい言い方をしても、どんな婉曲表現を使ったとしても、フィードバックでは「痛み」を避けることはできないことが、東京大学中原淳研究室の有志の研究によりわかっています。大人が何かを学ぶとき、行動を変容させるときには一定の「痛み」がともなうのです。しっかりと相手に向き合い、このセッションの目的を伝え、そのうえで、とも

図表15　事実通知：鏡のように情報を通知する

「It seems ……」

（君の行動は……のように見える）

に改善していこうと誘うのがポイントです。

次にいよいよ収集したＳＢＩ情報を提示していきます。ここで最も重要なのは、**収集した相手の問題行動を、いわば「鏡」のように相手の目の前に映しだし、客観的かつ正確に事実を通知していくことです**（図表15）。言うまでもなく、「鏡のように」とは、できるだけ主観や感情を排除し、起きている事実を起きている通りに伝えることです。[注22]

注22　フィードバックで最も大切なことは、正確に客観的に相手に情報を通知することです。
Podsakoff, P. M. and Farh, Jiing-Lih（1989）"Effects of feedback sign and credibility on goal setting and task performance" *Organizational Behavior and Human Decision Processes*, Vol.44（1）, pp.45-67

このとき、鏡のように客観的に話すコツは、「私には、先日のあなたの行動は、こういうふうに見えるけど、どう思う？」というように、「～のように見える」と話すことです。英語で言えば「It seems」（～のように見える）の感覚です。すると、相手も、自分の言い分を主張する余地があるので追い詰められることがなく、あなたの指摘を素直に受け止めてくれる可能性が高まります。

この段階では、無理に「褒めること」も、無駄に「ディスる（非難する）」必要もありません。なすべきことは、あなたが事実だと思うことを、鏡のように話し、しっかりと相手に突きつけることです。

フィードバック研究の中には、「ポジティブフィードバックの方が良い」とか、いやいや「ネガティブフィードバックの方が良い」とか、効果のあるフィードバックが「ポジかネガか」で研究者のあいだに論争があります。しかし、両者の決着はまったくついていません。それぞれを支持するエビデンスが得られており、決着がつかないのです。個人的には、この二項対立の問いの立て方自体に問題があるのではないかと思っています。[注23]

また、フィードバックの最中は過緊張状態におかれます。上司の中には、フォローのつもりなのか、フィードバック後に、変に褒める人がいますが、これは逆効果であることの方が多いことが実践知としても知られています。「白々しい」と思う人もいれば、褒めた方だけを覚えていて、一番大切な「耳の痛い通知」をすっかり忘れてしまう人もいます。さんざん部下に厳しい現実を突きつけた後で、「いろいろ言ったけど、君にも良いところ

注23　フィードバックはポジティブフィードバックの方が良いという知見は下記の通りです。
Deci, E. L., Koestner, R., and Ryan, R. M. (1999) "A meta-analytic review of experiments examining the effects of extrinsic rewards on intrinsic motivation" *Psychological Bulletin*, Vol.125 (6), pp.627-668
Kelley, S. A., Brownell, C. A., and Campbell, S. B. (2000) "Mastery motivation and self-evaluative affect in toddlers: Longitudinal relations with maternal behavior" *Child Development*. Vol.71 (4), pp.1061-1071
しかし、下記に知られるように、ポジティブやネガティブを重ね合わせる方が良いという知見も存在しています。
Walker, H. M. and Buckley, N. K. (1972) "Effects of reinforcement, punishment and feedback upon academic response rate" *Psychology in the Schools*, Vol.9 (2), pp.186-193
両者のどちらがよいかは、一定の見解を見ていません。ポジティブフィードバックを行いすぎたり、ネガティブフィードバックを行いすぎると、注意が「自己」に向いてしまい、「行動の改善」に向かわないことも指摘されています。大切なことは、相手の注意を改善しなければならない「行動のレベル」に留めておくことであり、「感情のレベル」に引き上げ、注意を分散させないことです。
Kluger, A. N. and DeNisi, A. (1996) "The effects of feedback interventions on performance: A historical review, a meta-analysis, and a preliminary feedback intervention theory" *Psychological Bulletin*, Vol.119 (2), pp.254-284

がある」といった具合に理屈にならないフォローをいれてしまうケースです。大切なことは、「鏡」のように事実を伝えることです。

③問題行動の腹落とし：対話を通して現状と目標のギャップを意識化させる

さて、あなたはSBI情報を収集し、今、相手にそれが問題行動であることを「鏡のように」突きつけました。先述した通り、大人の学びや行動変容には「痛み」がともないます。おそらく、相手は苦渋の表情を浮かべ、あなたも過緊張の状態におかれているものと思います。しかし、ここで大切なことがあります。一方向的に、あなたから部下に対してSBI情報を投げつけただけでは、まだ相手の理解が得られていないのです。

上司であるあなたは、きっとこの瞬間、こう思っているはずです。

Said（言ったことは）＝Listened（聞いているに違いない）
Listened（聞いたことは）＝Understood（腹落ちしているに違いない）

しかし、これは視点を変えて部下の観点からすれば、以下のようになっていることの方がほとんどです。

Said（言われたけど）≠ Listened（聞いていない）
Listened（聞いてはいるけど）≠ Understood（腹落ちしてない）

要するに、上司の方は自分の行動が即相手の行動変容につながると思っているのですが、実際は部下の方から見るとそうならないということです。上司としては、部下の「≠」を「＝」に書き換えていく必要があるのです。

一般にどんな場合にでも、相手には相手なりの言い訳や理由があります。こちらが思っていることを、額面通り、そのまま受け取る人はそういません。部下が持っている「独自の意味世界」を、対話を通してさぐりつつ、上司であるこちらのロジックや意味世界とすり合わせていかなければならないのです。

この段階で上司がなすべきことは、**相手と向き合い、投げつけた事実に対して「対話」**

図表16　問題行動の腹落とし

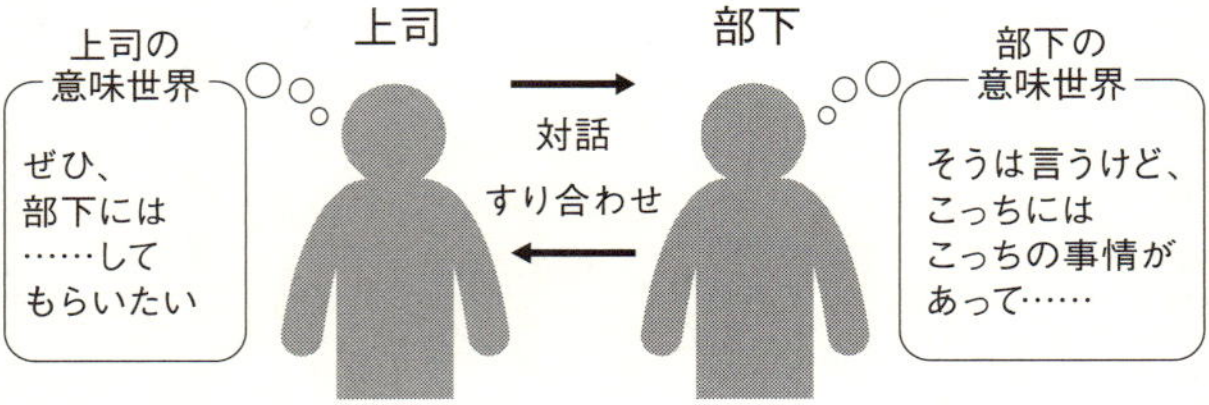

を行って、**相手の理解を得ること**です。**上司と部下の考えていることや思っていることが違うということを「前提」として、相互の理解が一致する段階まで、時間をかけて「対話」を行うことが求められます。**そうして相互の意味世界をすり合わせていくのです。

場合によっては「一時間コース」や「二時間コース」という具合に、長時間の「対話」が必要になることもあります。中には、「二回目」「三回目」という具合に、複数回をまたいで行われる場合もあるでしょう。図表16のように、とにかくここでは「対話」を通して、問題のある現在の状況と目標（ゴール）のギャップを徹底的に意識化させることが求められます。

フィードバックの定義のところでもお話ししましたが、相手の良くなかった点を指摘するだけでは、改善行動につながりません。このあとに、上司は部下の問題行動を立て直す手伝いをすることが求められるのですが、そのためには、この段階で

「部下が自分の行動が問題であることを理解していなければならない」のです。

そのときに重要なのは、**今の現状が、めざすべき目標と相当かけ離れていることを、しっかり認識してもらうこと**です。注24

営業の仕事のように、数字でギャップが見えやすい内容なら、「月一〇〇万円のノルマに、あと三〇万円足りない」など、直接数字で示すことも可能です。カスタマーサポートや総務など数字でギャップを示しにくい仕事には、「本来ならば、その仕事の先にどんな光景が広がっているはずなのか」を問いかけ、現状とのギャップを部下に意識させてください。

④振り返り支援：振り返りによる真因探究、未来の行動計画づくり

さて、ここまでの状況で部下は、自らの問題行動を上司から通知され、対話を通して自

注24　外部からの働きかけによって、ギャップを意識すること。さらには、自己がそのギャップの現状や理由を探究することが最も重要です。
Sadler, D. R. (1989) "Formative assessment and the design of instructional systems" *Instructional Science*, Vol.18(2), pp.119-144

らの問題を解決したとします。今現在の自分の状況とめざすべき部分には「ギャップ」が存在しており、これを埋めることが求められるという段階にまで部下はきています。

この段階で次のステップとして行われるのが、過去と現在をもう一度しっかりと振り返り、未来の新たな行動計画や目標をつくりだしていくことです（九四ページの図表13参照）。これが、ギャップを埋める作業につながっていきます。こうした上司の行動のことを**「振り返り支援」**[注25]といいます。振り返りが重要なことは、すでに部下育成の基礎理論のパートの「経験軸」や「ピープル軸」の内省支援の部分でお話ししました。

業務経験を積んだ後に、何も振り返らないようでは、部下はその業務経験から多くのことを学べません。経験を最大限に生かすには、リフレクション（内省）をしてもらうことが不可欠です。

振り返りを行っていくときのポイントは、部下が自らの姿を客観的に見られるように、**部下自身に自分の過去・現在の状況を「言葉にさせること」**です。今後は上司が「言葉にする」のではありません。むしろ上司は部下に問いかけを行うことで、部下に自分の言葉で語らせることをめざします。

自らが起こしたトラブルや問題行動に対して、部下が客観的に分析することは、非常に難しいことです。トラブルに直面しているときはパニックに陥って周りが見えていませんし、しばらく経っても自分の行動を正当化したいと考えて、主観的にその出来事を見てしまいがちです。

しかし、上司の側が適切な質問を投げかけていけば、狭くなっていた視野が広がり、起こった出来事を冷静に分析できるようになります。振り返りは部下に自分の言葉で語らせてください。そうすることで、部下は、次の仕事に生かせるような気づきを得ることができるわけです。

振り返りのプロセスでは、場合によっては、沈黙してしまう部下が出てくるかもしれません。しかし、決して「沈黙」を恐れないでください。「沈黙」を恐れる余りに、本来、相手が言葉にしなければならないものをこちらが言葉にしてしまうと、学びや行動変化にはつながらない場合が多いのです。部下自身に自分の過去・現在の状況を「言葉にさせる

注25　フィードバックの効果は、結果の通知だけでなく、振り返りの支援にあることは日本でも実証されています。
田中 聡・中原 淳・保田 江美・齋藤 光弘・辻 和洋（印刷中）「降格行動にともなう上司の管理行動」中原 淳（編）『人材開発研究大全』東京大学出版社

図表17　振り返りのプロセス

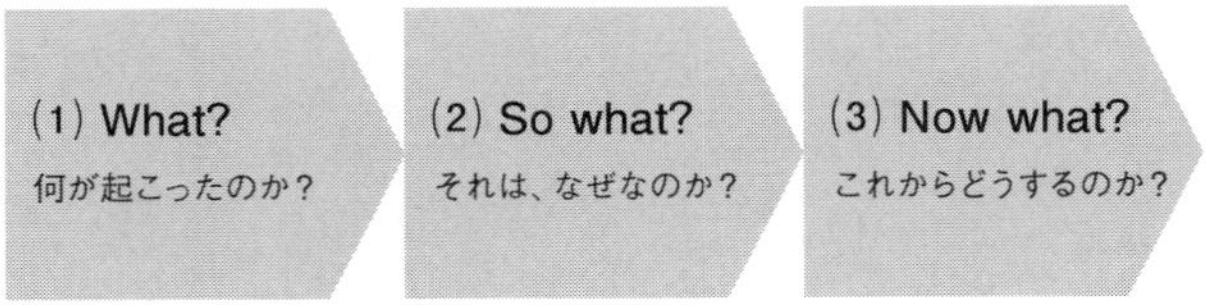
(1) What?
何が起こったのか？
(2) So what?
それは、なぜなのか？
(3) Now what?
これからどうするのか？

こと」、さらには、新たな行動計画をつくる支援をすることが求められます。

この段階での部下の振り返りのために、マネジャーは具体的には次の三つのポイントについて話してもらうように、導いていきます。それは「(1) What?（何が起こったのか?）」「(2) So what?（それは、なぜなのか?）」「(3) Now what?（これからどうするのか?）」の三つです（図表17）。

(1) What?：何が起こったのか?

まずは、過去や現在、起きていることの全貌、自分の問題行動、その背景をすべて部下に言語化してもらいます。マネジャーから指摘された事実に対して、自分は過去・現在にどのような状況で、どのような行動をとり、それがどんなインパクトにつながっていたのかを考えて言葉にしてもらいます。

なるべく具体的に、詳細に、問題発生のプロセスを再現させることが重要です。場合によっては、「Who（誰が）」「When（いつ）」「Where（どこで）」「What（どんなことをした）」などについても詳しく「問う」てみるのがいいでしょう。

問題行動が起こっている場面を再現できていないうちは、おそらく、マネジャーの提示したSBI情報をしっかりと咀嚼《そしゃく》できていないと考えられます。「What?」を描写できないうちは、問題行動の改善にはつながりません。

(2) So what?：それは、なぜなのか？

「So what?」とは、「What?」で描写したような問題行動が、「なぜ」生まれたのかを、真因探究することです。自分の行動や認識のうち、何が良くて、何が良くなかったのか。本当の原因が何であったのかを、部下の口から言語化してもらいましょう。

上司がいくら問題行動やその原因を一方向的に指摘したとしても、それが本当に理解されていなければ、相手はそれらを修正することができません。問題行動の真因を探究し、知っていくことが非常に重要です。

その様子は、次ページ図表18の「氷山モデル」でも表現できるかもしれません。氷山の下には、非常に大きな氷塊があるものです。海面から飛び出した問題行動だけを見て、そ

図表18　氷山モデル

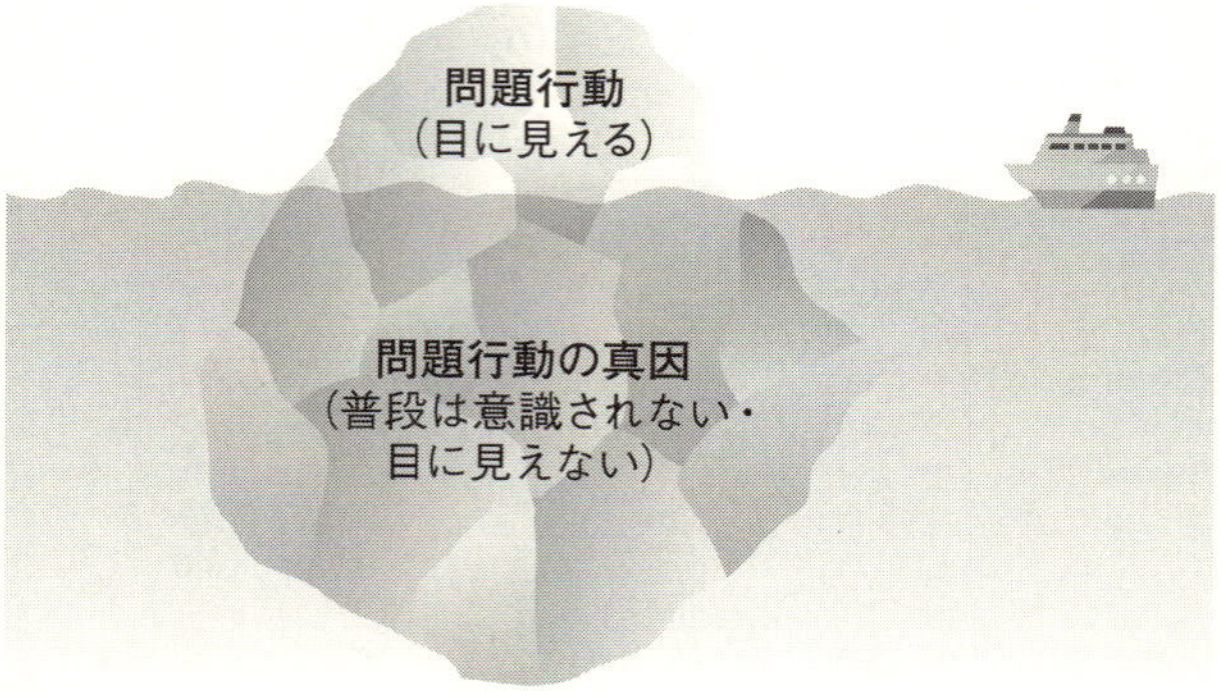

こだけを指摘しても、問題行動は変わりません。海面の下に、どのような真因が存在するかをともに探究するのが、この部分です。

部下の中には、なかなか言葉にならない人もいるかもしれません。上司は、適切な問いかけやガイドによって、部下に「水面下に横たわる氷塊＝問題行動の真因」を口にしてもらうよう努めましょう。

(3) Now what?：これからどうするのか？

最後の「Now what？」とは、今後、めざすべきゴールに向かって、部下がどのように問題行動を改めるのかについて部下自身に「決めさせる」部分です。部下には「新たな行動計画」をつくらせ、新たな目標を確約させます[注26]。いわば、これは上司と部下の「契約」です。たとえば、この後、すぐに問題行動が改善しなかったとしても、ここで契約した内容が、次回以降のフィードバックの素材になります。「決めさせる内容」はしっかりと認識させ、記憶させましょう。部下自身が、部下の言葉で「決めた内容」を語れるようになることが重要です。

⑤期待通知：自己効力感を高めて、コミットさせる

これでフィードバックは終了です。

上司からしっかりと今後の期待を通知し、エンディングにつなげます。この段階で、部下は痛みを感じているとは思いますが、二つのポイントを伝えて、しっかりと送り出してあげることが大切です。

第一のポイントは、上司が**しっかりと期待を伝えること**です。フィードバックを受けた

注26　フィードバックは「目標設定」とともに行われることが重要です。
Kluger, A. N. and DeNisi, A. (1996) "The effects of feedback interventions on performance: A historical review, a meta-analysis, and a preliminary feedback intervention theory" *Psychological Bulletin*, Vol.119 (2), pp.254-284

個人を「孤独」にしないことです。しっかりとサポートしていく旨を告げることは、彼らが自らのあり方を立て直すときに非常に大きな資源になります。

上司の指導の局面では、「やればできる」という感覚（自己効力感）をいかに高めるかが最大のポイントになります。そして上司は「もしあなたが本当に立ち上がろうとする」ならば、最大限援助をすると約束することが重要になります。

第二のポイントは**「再発予防（Relapse prevention）」をすること**です。[注27]

たいていの場合、問題を抱えた部下は、これまでにも自分の問題点について何度も指摘を受けてきた人が多いと思います。しかし、そうであるにもかかわらず、彼らは、自らの問題を解決できなかった。すなわち、問題を一度は解決しようとして、また「再発」してしまったということになります。

「再発予防」とは、このような問題を抱えている人に対して、「問題を起こすな！」と言い続けるのではなく、「問題が再発することを前提」にして、その「予防策」を事前にたてさせるということです。

そうそう問題は解決できない。おそらく「再発」してしまうだろう。しかし、また繰り返しそうになったときには、自分でどのように対応するのか。それを今からしっかりと予測させ、対応策を考えさせる。

そうしたことを、再発をする前から対策しておくと、繰り返す可能性が相対的に低くなります。そのためには、

> 1. 今抱えている問題は、どのような場合に再発してしまうのか？
> 2. 再発してしまいそうになったら、自分としては、どうするのか？

このような対策を、部下と一緒に話し合ってたてておくことが重要です。

【事後】フォローアップ

フィードバックは、フィードバック面談では終わりません。そこからのフォローアップとモニタリングが決定的に重要です。

注27　Marx, R. D. (1982) "Relapse prevention for managerial training: A model for maintenance of behavior change" *Academy of Management Review*, Vol.7 (3), pp.433-441

また、フィードバックは一度きりで終わることは希《まれ》です。

一回のセッションだけで時間が不足してしまった場合には、場合によっては、二度目のセッションの約束をします。一回のフィードバックだけでは、また部下が忘れてしまうような状況では、フォローアップの面談の時期を決めましょう。

人を変えるためには、このように「手間暇」をかけ、かつ、「あの手この手」を尽くさなければなりません。しかし、私たちは、できる限りあきらめず、部下の変化を信じることこそが重要だと思います。

続く第三章では、本章で概観したフィードバックの基本的なやり方をさらに掘り下げ、実践知をまじえながら解説していきたいと思います。

第二章　まとめ

●部下育成の基礎理論……経験軸とピープル軸

・「経験軸」……部下に適切な業務経験を与え、ストレッチゾーン（挑戦空間）に促す
・「ピープル軸」……「業務支援」「内省支援」「精神支援」による面の育成

●フィードバックと部下育成の基礎理論の関係

・フィードバックの中にある部下育成の２つの軸
⇒【情報通知】＝経験軸＋ピープル軸「業務支援」、
【立て直し】＝ピープル軸「内省支援」＋「精神支援」

●フィードバックのプロセス

・事前……情報収集⇒ＳＢＩ情報を「1on 1」から
・フィードバック
①信頼感の確保
②事実通知：鏡のように情報を通知する
③問題行動の腹落とし：対話を通して現状と目標のギャップを意識化させる
④振り返り支援：振り返りによる真因探究、未来の行動計画づくり
⑤期待通知：自己効力感を高めて、コミットさせる
・事後……フォローアップ

第三章

フィードバックの技術　実践編

前章で私たちは、部下育成を支える最も基礎的な理論である「経験軸」と「ピープル軸」について学びました。そのうえで、フィードバックがどのようなプロセスで進行するかについても学びました。フィードバックは事前の準備から始まり、事後のフォローアップまで続く一連のプロセスです。

さて、本章では、前章の基礎編に続き「実践編」と称して、さらにフィードバックのやり方を具体的に深掘りしていきます。実践編では、科学知というよりも、フィードバックの「実践知」をお伝えすることをめざします。フィードバックの特に難しいポイントを重点的におさらいしたり（本章前半）、フィードバックの上手なマネジャーの行っていることをTips（コツ）として学んでいこうと思います（本章後半）。

フィードバックの理論を知ることと、実際に行うことはどうしても大きく違います。しかし、知ってさえおけば、抜き差しならないフィードバックの最中に活きてくる「とっさの技術」というものも確かに存在します。本章ではそうした、フィードバックを実際に行う上で押さえておきたい「心構え」について説明していきます。

前章で見たように、フィードバックは下記のようなプロセスで進行します。

【事前】……情報収集
↓
【フィードバック】
①信頼感の確保
②事実通知：鏡のように情報を通知する
③問題行動の腹落とし：対話を通して現状と目標のギャップを意識化させる
④振り返り支援：振り返りによる真因探究、未来の行動計画づくり
⑤期待通知：自己効力感を高めて、コミットさせる
↓
【事後】……フォローアップ

この中で、特に気を付けておきたい難しいポイントは下記の通りです。

1．あなたは、相手としっかりと向き合っているか？

2. あなたは、ロジカルに事実を通知できているか？
3. あなたは、部下の反応を見ることができているか？
4. あなたは、部下の立て直しをサポートできているか？
5. あなたは、再発予防策をたてているか？

チェックポイント1. あなたは、相手としっかりと向き合っているか？

まず大切なことは、どのタイミングでフィードバック面談を行い、相手といかに向き合うかです。

通常の「1on1」の日が近づいているなら、そのときまで待ってもいいですが、何かトラブルが起きているときは、待っている余裕などないでしょう。そんなときは、「リアルタイムフィードバック」が必要です。すぐに呼び出してしまいましょう。

一般に、トラブルが起きてから時間を空けないようにすればするほど、フィードバックの効果は高まります。これを**「即時フィードバックの原則」**といいます。要するに、間髪を容れず、問題行動が起こったらただちにフィードバックをする方が効果は高いということです。

図表19　フィードバック実践　5つのチェックポイント

1. あなたは、相手としっかりと向き合っているか?
2. あなたは、ロジカルに事実を通知できているか?
3. あなたは、部下の反応を見ることができているか?
4. あなたは、部下の立て直しをサポートできているか?
5. あなたは、再発予防策をたてているか?

声をかけるときは、「ちょっと話があるんだけど、いいかな？」などと軽い感じで呼び出すとよいでしょう。深刻な顔や怒った顔で呼び出すと、相手が身構えますし、他の部下に見られることで「メンツをつぶされた」と感じる可能性もあります。

前章でも述べましたが、フィードバックは一般にブラックボックスの中で行われることの方が多いと思います。

これは、フィードバックされる側のメンツを潰さないこともあるのですが、いつもとは「コミュニケーションのモードを変える」ためにあえて行っているところもあります。要するに、通常の仕事モードから、時空間をいったん「区切って」、しっかりと相手に相対するということです。

その際のポイントは、いつもと違うシリアスなモードで話すことです。普段の話し方から切り替えて、区切りをつけることで、相手も「あれ？　いつもと違うぞ」と感じ、緊張感を持ってくれます。逆に、普段通りの話し方をすると、「またなんか言ってるわ」と、相手がこの指導の機会をあまり重要視しないかもしれません。

また、この段階になったら、大切なことが一つあります。

腹をくくってください。
相手から逃げないでください。
しっかりと相手に向き合ってください。

いったん始まったら、こちらも逃げられないのがフィードバックです。

このとき重要なのは、相手から目をそらさないことです。これから言いにくいことを言うと考えると、フィードバックするマネジャーの方も挙動不審になり、目をそらしたり、体を横に向けたりしがちですが、そういう振る舞いをしても、相手に軽視されるだけです。きちんと向き合うことで、相手も「真剣に聞かなくてはならない」という気になります。

私がフィードバックをするときには、最初の段階で、「今日はじっくり話し合いましょう。そのために時間がいくらかかってもいい」「二時間でも三時間でもかまわない」「この後の予定は全部空けてある」などと言うことがあります。時間は端的に「上司の覚悟」をディスプレイする効果を持ちます。

実際、フィードバックは想像以上に、時間がかかるものです。多くのマネジャーが口にするように、厳しいフィードバックをするときは、たいがい、自分が想定していたよりも倍以上の時間がかかります。一時間で終わると思ったら、二時間はかかると思った方がいいでしょう。時間切れになって、フィードバックが中途半端になるのは最悪です。部下は納得しないままモヤモヤした気分で過ごすことになります。こんな状況では、改善されるはずがありません。

覚悟を決めて、しっかりと向き合うことです。

チェックポイント2. あなたは、ロジカルに事実を通知できているか？

フィードバックでは「耳の痛いこと」を相手に鏡のように「事実ベース」で伝えます。繰り返しになりますが、そのためにはデータが必要です。しっかりと部下を日頃から観察して、データを収集しておきましょう。特に重要なのは、ＳＢＩ情報です。「どんな状況で（Situation）」「どんな振る舞いをしたことで（Behavior）」「どんな影響があった（Impact）」という「ＳＢＩ情報」を複数引き出しに持ち、それらをセットで伝えると、効果的です。

たとえば、いつも締切りに遅れる部下がいたとしましょう。その場合、「君、いつも締切りに遅れてないか？」と抽象的に言うのではなく、「この仕事の提出が、締切りより三日遅れましたね。その前にお願いしたこの仕事も、締切りを二日過ぎていました」というように具体的にＳＢＩを述べます。

その上で、「なぜそれが迷惑なのか」「なぜその行動を直さなければならないのか」といった理由を、ロジカルに説明していきます。このようにフィードバックで何より重要なのはロジカルであること（論理的であること）なのです。「たかが締切りだと思っているかもしれないが、信頼を失って、契約を打ち切られてしまう可能性がある」などと、厳しいことも包み隠さず言った方が、部下もその深刻さを理解するでしょう。

強く意識したいのは、淡々と客観的なスタンスを崩すことなく、事実を元に話すことです。「これは残念だと思う」「あなたはまだできると思う」と少し感情を加えるのはかまいませんが、出所があいまいなことを言ったり、一方的に決めつけるような物言いになったりすると、相手は反発します。既述しましたように、その際に大切になってくるのが「I seems（～のように見えるよ）」と伝える話法です。

そして言うべきことを言ったら、「なぜ締切りに遅れてしまうんでしょうね？」と部下が話せる機会をつくってあげましょう。こちらから一方通行的に情報を通知しただけでは、部下は腹落ちしていません。現状とめざすゴールには「ギャップ」が存在していることを、しっかり認めてもらうことが次に重要になります。

チェックポイント3．あなたは、部下の反応を見ることができているか？

通知をしたら、部下がどのような反応をするかを待ちます。部下の顔、目、手などの動作を観察するのはもちろん、部下が何を言うか、しっかり反応を見極めます。黙って素直に聞き入れてくれる、なんてありがたいことはほとんどないでしょう。多くの場合、「そうは言いますけど……」と反論や言い訳をしたり、無言になってしまったりします。こうした反応に一つひとつ対応していくことが重要です。ここで大切なのが、腹をくくって相手の話を「聞き」、そのうえで対話を繰り返していくことです。

たとえば、締切りの例なら、「花粉症がひどくて仕事に集中できず、締切りに間に合わなかった」などと言ってくる場合があるかもしれません。その場合には、「花粉症を持っていて、仕事に差し支えているんだね。それは気の毒だね。でもね、仕事人ならば、それにどう対処すればいいんだろう。放置しておいていいのかな。この時期に花粉症で苦しくなることが最初からわかっているのなら、病院に行って、薬をもらってくることもできるはずだよね。最近は眠くならない薬もあるよね」「花粉症がひどくて集中できないんだね。それは大変だね。でもね、集中できないとわかっているなら、少しスケジュールに余裕をもたせるべきじゃないの？」などと返します。

ここで大切なのは、相手の言っていることをいったん「リピート」して、受け入れることです。「花粉症を持っていて、仕事に差し支えているんだね。それは気の毒だね」「花粉症がひどくて集中できないんだね。それは大変だね」という部分が、いったん相手を「受容」している部分です。

しかし、フィードバックのときには、決してここでひるんではいけません。

「相手の反応を受けたら」、必ず「返す」ことです。

常に「でもね」と返す刀で「返答」をしていきます。ここでは「病院に行って、薬をもらってくることもできるはずだよね。最近は眠くならない薬もあるよね」「集中できないとわかっているなら、少しスケジュールに余裕をもたせるべきじゃないの？」という具合に、「仕事人として相手がなすべきこと」を指摘していきます。

こうしたタイプ別の対処法は次章で詳しく解説しますが、共通するポイントは、感情的にならずに、まずは徹底的に聞いて、受け入れ、そのうえで「返すこと」です。どんな反論や反発でも、聞いていれば「論理のほころび」が出てきます。この「論理のほころび」こそが、刀を返すチャンスです。かくして「対話」が続きます。

マネジャーの中には、このような状況で、部下の話を聞くことは「部下に負けているような気がする」とおっしゃる方がいます。しかし、それは違います。

フィードバックとは、

受け入れて、攻めること。

負けて、勝つこと。

なのです。

フィードバックにおいて「聞くこと」は、「論理のほころび」を待つことなのです。

チェックポイント4．あなたは、部下の立て直しをサポートできているか？

部下が納得したら、今度は反転して、一緒に立て直し策を考えます。「耳の痛いこと」を一方向的に通知することだけがフィードバックではありません。九四ページの図表13でも見ましたが、フィードバックの後半は「成長の支援」なのです。

立て直し策を一方的に押しつけると、部下は納得しません。最終的に何をするかは必ず部下に選ばせましょう。

たとえば、先ほどの「締切りに遅れる部下」でいえば、「見積もりが甘いからいけないんだ。三日前に必ず報告しろ」などと押しつけるのではなく、「どうすれば遅れずに済むだろう？」と言って複数の策を考えてもらい、自分で選んでもらうのです。その際に、「振り返り」が重要であることは、先に述べました。過去・現在をしっかり振り返ったうえで（What?）、何がよくて何が悪かったのかを考えさせ（So what?）、未来の行動の指針をつくっていきます（Now what?）。

この場合であれば、「Now what?」の部分では、「ゴールから逆算してスケジュールをきちんと立てる」「スケジュールにバッファを設ける」「スマホのリマインダーを使って、期限を意識する」などといった対策が出てくるでしょう。

しかし、ときに部下は、トンチンカンな対策を出してくることもあります。たとえば、よくあるのが、トートロジー（同義語反復）です。どうすれば締切りを守れるか？　という質問に対して、「締切りを守ります」と同じ言葉を言い返してくるのです。これでは対策にも何にもなっていません。しかし、そこは穏やかに聞くのが、大人の対応です。「締切りに遅れるに至った行動を分析しないと、改善しないよね？」と論理の矛盾を突きつけ、問題を深掘りしていきましょう。

チェックポイント5．あなたは、再発予防策をたてているか？

フィードバックのクロージングでは、上司は部下に期待を伝え、その後に、「再発予防策（Relapse prevention）」も考えてもらうとよいと思います。

「再発予防策」は、もともとアルコール依存症やギャンブル依存症など、依存症の治療として発展してきた手法です。

たとえば、アルコール依存症の人に「飲むな」と言っても、病院から出てきて目の前にビールの自動販売機があればどうしてもそれを買いたくなってしまいます。そこで、再発の原因として考えられることを次々と挙げてもらい、「こうなったらどうするの?」と一つひとつ対応策を考えていきます。「再発する可能性が決して低くはないこと」を前提に、事前にその対応策を考えてもらうのです。

たとえば、締切りに遅れる原因を部下に挙げてもらうと、「締切り前にできると思っていた」とか「やることがありすぎてパニックになってしまった」というようなことを言ってくるかもしれません。それらの再発の可能性に対して、「締切り直前に、仮の締切りを設けておく」とか「パニックに陥りそうになったら、上司と仕事の優先順位を話し合う会議を持つ」などと、対策を事前に決めておくわけです。このように、本人自らにあらかじめ先回りして考えさせることも、トラブルの再発防止に非常に役立ちます。

以上、フィードバックのプロセスの中で、特に難しいところをチェックポイントとして五つ紹介させていただきました。

ちなみに、フィードバックは、通常、すべてのプロセスを丁寧に行うと、一時間から二時間はかかることが多いものです。互いの「合意解」、「納得解」をつくりあげるには、それぐらいの時間はかかります。忙しいとは思いますが、フィードバックをするときは、それぐらいの時間を使うことは覚悟してください。

また、フィードバックをした後、部下が反省した姿を見せ、自分で立て直し策を考えたとしても、その後、順調に立て直していけるかというと、なかなかうまくはいきません。大人になるほど、人はそう簡単に変わらないものです。そのときに重要になるのが、事後に行うフォローアップです。具体的には、フィードバック後に、定期的に何度か面談を設定し、フィードバックで約束した内容が履行されているのかどうかをチェックし、また、必要な場合には、部下の立て直しにつきあうことになります。

私は、本書で、フィードバックは「耳の痛いことを伝えるだけでなく、部下を立て直す技術」と言いました。フィードバックが「いかに立て直すか」だとすれば、その後の観察は「いかに伴走するか」だと言えます。

そこで大切なのは、**フィードバック後も「1on1」などの「上司—部下」の面談を定期的に行い、部下をフォローし続けること**です。面談に関しては十五分程度の短時間でかまいませんが、二週間に一回ぐらいはできるとベターです。フィードバックを無駄にしないためには、こうして根気よくフォローをしていくことが大切です。

さて、以上、前章のおさらいを兼ねて、フィードバックのチェックポイントを五つ述べてきました。ここから先は、フィードバックにまつわるTips（コツ）を「実践知」としてお伝えしていきます。

Tips①：フィードバック前には必ず「脳内予行演習」

世の中には、フィードバックのうまいマネジャーがいらっしゃいます。そうした方々に話を伺うと、かなりの確率で、彼らがフィードバックの前に**「脳内予行演習」**をしていることに気づかされます。

フィードバックは、ブラックボックスの中で一対一で行うのが一般的であり、そうであるがゆえに、平常心を保つのが難しく、ついつい自分の「悪い地」が出てきてしまうものです。平素からカッとなりやすい人は、フィードバックではさらにカッとなりやすくなります。日頃から、なかなか部下の話を聞けない人は、強いストレス下では余計に部下の話が聞けなくなります。部下が反発すれば、動揺することもありますし、変な言い訳ばかりされると、だんだんと頭に血が上ってきます。

しかし、こういうときこそ、「発言」に注意してください。感情的になってしまっては、フィードバックが「パワハラ化」してしまうのです。

最近は、面談の内容をスマートフォンやＩＣレコーダーなどで録音する部下もゼロではないようです。パワハラの証拠として人事に駆け込めるように録っているようですが、その音声をネット上に流す人がいるという噂も複数耳にしました。あくまで感情的にならず、冷静に行う。それがフィードバックです。

こうしたトラブルを防ぐために、私がすすめているのはフィードバックの直前に行う「脳内予行演習」です。

「脳内予行練習」とは、部下の問題点をどのようなロジックで伝えるか、（事前に）作戦をたてることです。観察や「１ｏｎ１」などで集めた情報を元に、どのようなことを話すか、Ａ４サイズの紙一枚に簡単にまとめておけば、頭が整理され、体系立てて話すことができます。

それに加えて、「部下に言い返されたらどのように答えるか」というようなことも脳内で予行演習していくとよいでしょう。

繰り返しになりますが、フィードバックを黙って受け入れる部下は、ほとんどいません。たいがいは、言い訳や反論をしてくるはずです。その中には、一理ある言い分もあるでしょう。そうした反応を可能な限り想定しておき、どう返すかを考えておくわけです。

フィードバックで最も多いケースは、「顧客が悪い」「メンバーが悪い」などと環境や周囲のせいにすることです。それに対して、「環境や周囲のせいもあるかもしれないけど、あなた個人の行動にも問題があったのでは？」「このような悪い環境の中で結果を出すには、個人としてどう振る舞うのがいいんだろうね？」といった落とし所を考えておけば、堂々巡りになる確率を減らせるでしょう。

プレゼンやスポーツなどと同様に、フィードバックも、このような「イメトレ」が必須です。必ず準備をして臨みましょう。

Tips②：フィードバックの内容も記録する

フィードバックの最中には、部下がさまざまなことを言ってきます。フィードバックの途中でそれができるかどうかは場面にもよりますが、フィードバックで部下が話した内容、上司と部下間で合意した内容については、きちんと「記録」しておくことをおすすめします。発言内容をフィードバックの最中あるいは終わった後でもいいので、必ずメモしておきましょう。

すると、その後、「1on1」をしたときに、「こんな行動をすると言っていたけど、その後どうなった？」などと確認できますし、言い訳や反論をされたときに、「論理のほころび」を探す材料になります。

かつて私がお会いした管理職の方の中に、その日の面談で話した内容を、自分だけでなく部下にもまとめてもらい、「提出」してもらっているという方がいらっしゃいました。そうすると、備忘録になるだけでなく、部下が面談での話をどのように受け取っているかが確認できるそうです。

「自分が熱心に伝えたつもりの肝心なことがぽっかり抜けている。もっと繰り返し言った方がいいな」「言ったつもりのないことが書かれている。何か勘違いしているのではないか？」などということがよくあり、日頃の指導に役立っているそうです。いずれにしても、メモなどで記録してフィードバックを振り返ることは非常に有効でしょう。

Tips③：耳の痛いことを言った後で無駄に褒めない

フィードバックをするときに、注意しておきたいのは、せっかく指摘したことを台無しにするようなことを言わないことです。ついついその場があまりにも厳しい場になったからといって、罪悪の念にかられて、無駄に部下を褒めないでください。

先述したように、最もありがちなのは、「厳しい指摘をした直後に、相手を褒めたりすること」でしょう。たとえば、取引先に多大な迷惑をかけた部下に対して、「でも、君の行動力は買っている」とか「お前にも良いところがある」と褒めたりします。厳しいことを言って、相手がしょんぼりしていると、フォローを入れたくなる気持ちもわかりますが、下手に褒めたりねぎらったりすると、ポジティブな発言の方にスポットが当たってしまい、厳しいことを指摘した効果が薄れてしまいます。特に、なんでも自分の都合のよいように受け取る人にフォローをすると、フィードバックの内容を完全に忘れてしまいかねません。

くどいようですが、フィードバックは、鏡のように、淡々と事実を述べるのが正解です。フィードバックを聞き入れて、問題行動が改善されたというならば、大いに褒めていいと思いますが、フィードバックの直後は無駄に褒めないことを心がけてください。

ちなみに、フィードバックを台無しにするという意味では、「人事や社長のせいにする」のもやめておいた方がよいと思います。

「人事がそう言うから、仕方なく厳しいことを言うよ。俺はそうは思っていないけどな」

「社長の方針だから、我慢してここは従ってくれ」

自分の責任ではないことをアピールするためなのでしょうが、こんなことを言われたら、部下は素直に自分の行動を改善する気にはなれません。

そもそも、マネジャーの仕事は、経営陣からおりてきた方針を、わかりやすく一般社員に伝えることであり、それができないなら、マネジャーは不要です。管理職となったら、経営陣の方針を、咀嚼して部下へと落とし込む「代弁者」としての覚悟を決めるしかありません。

フィードバックは
腹をくくってください。

逃げないでください。

Tips④：フィードバックは「即時」と「移行期」にこそ行う

先に述べましたように、フィードバックには鉄則があります。

一つ目は「即時フィードバックの原則」です。「鉄は熱いうちに打て」という言葉がありますが、フィードバックが必要だと感じたら、できるだけすみやかに、その機会を設けることが大切です。なぜなら、何か問題が起きた後、時間が経ってから指摘しても、部下の心に響かないからです。また、トラブルの場合は、時間が経てば経つほど、こじれて元に戻しにくくなります。

ただし、ちゃんと事実確認をしないままフィードバックをすると、間違えてしまうこともあるので、急ぎ過ぎない方がいいですが、問題が起きてからなるべく早く指摘したいものです。

第二の原則は、フィードバックは「移行期」にこそ効くということです。

といいますのも、フィードバックが効きにくくなるのは、年齢だけでなく、長く同じ仕事や役割を担当している人にも同じことが言えるからです。課長に昇進した人にしても、一年目は初々しいのに、三、四年経つと、もうフィードバックが効かなくなることがあります。

仕事における役割が変わることを人材開発の用語で「**トランジション（Transition：移行期）**」といいます。このトランジションがあった直後というのは精神的に不安定になる一方、外からの声を受け入れて変わりやすいときでもあります。「カチンコチン」にかたまってしまってから厳しいフィードバックで変化させるのは極めて大変なことですから、マネジャーの皆さんは、部下のトランジションの時期を逃すことなく、フィードバックすることが大切です。

Tips⑤：フィードバックで沈黙されたときには時空間を変える

フィードバックをしていると、部下が何も言葉を発さなくなったり、同じことを言い続けて譲らなくなったり、いつまでも泣いていたりといった膠着《こうちゃく》状態に陥ることがあります。次章でお話しするような「タイプ別」の対処法もありますが、「こんな状態では前向きな会話ができないな」とマネジャーが感じてしまう瞬間はいくらでもあるでしょう。専門用語では、こうした状態のことを「Uncoachable（コーチ不能：アンコーチャブル）」といいます。

部下がそんな「Uncoachable」な状態になったときには、これ以上、会話を続けても無駄です。なぜなら、彼らはすでにパニック状態になってしまっているので、こちらの言葉も受け入れることはできないからです。その日は切り上げて、別の日に改めて面談をしましょう。すると、ヒートアップしていた部下も冷静になるので、フィードバックを受け入れやすくなります。

「別の日にもう一度面談するほど、時間がない」という場合は、場所を変えるのも一つの手です。外に行かなくても、会議室を変えるだけでもかまいません。

そうして時間や空間を変えると、互いに気分が一新され、建設的な話し合いができるようになることがあります。

部下も決して何も考えていないわけではないので、時間を与えると、落ち着きを取り戻し、客観的に考えられるようになります。すると、自分の置かれた状況を自分なりにポジティブに意味づけて、現状を受け止めてくれるのです。

このまま続けてもラチが明かないと感じたら、ぜひ試してみてください。

Tips⑥：フィードバックがもたらす強烈なストレスと向き合うには？

フィードバックは密室の中で行われる厳しい会話なので、それはマネジャー側にも、非常に多くの精神的ダメージをもたらします。多くのマネジャーは、面談をする準備として、作戦会議をして、Ａ４のメモをつくっている時点で、すでに鬱屈とした気分になってきます。ほとんどの人は大なり小なりストレスを感じることでしょう。

あるマネジャーは「『１ｏｎ１』やフィードバックには、しっかりと体調を整えて臨みます。睡眠不足だと、必ずボロが出てしまうし、何よりどっと疲れる」と言っていましたが、私も同感です。フィードバックを成功させるためにも、自らの体調管理のためにも、万全の体調で臨むようにしましょう。

こうした心的ストレスを軽くするためには、中堅の部下を活用して、自ら担当する「１ｏｎ１」やフィードバックの数を減らすことも有効です。先述しましたように、「スパン・オブ・コントロール（Span of control）」という概念があります。[注28]「スパン・オブ・コントロール」とは、一人の上司が抱えることのできる部下の人数のことです。一般的には五〜七人であることが知られています。

たとえば、あなたが一〇名の部下を抱えている場合、一〇名の部下に対して、「１ｏｎ１」を行ったり、フィードバックを日常的に行うのは、このスパン・オブ・コントロールを超えている可能性があります。その場合には、あなたと末端の部下とのあいだにもう二名、中間のリーダークラスを備え、彼らに「１ｏｎ１」やフィードバックを担わせること

注28　Gittell, J. H. (2001) "Supervisory span, relational coordination and flight departure performance: A reassessment of postbureaucracy theory" *Organization Science*, Vol.12 (4), pp.468-483

ことの一つです。

も一計です。そのようにして、自らのメンタル面を保つことも、マネジャーに求められる

Tips⑦：「嫌われるのも仕方がない」という覚悟を持とう

ここまで、フィードバックの基本的な進め方や準備の方法などについてお話ししてきましたが、どんなに準備をしても、フィードバックをすることで、部下から嫌われたり憎まれたりすることはあります。一般従業員時代に周囲から好かれていた人ほど、ショックを受けるかもしれません。

それにフィードバックの成果はなかなか出ませんから、「本当にこんなことを言って良かったのか？」「ちょっと言い過ぎたのでは？」と自己嫌悪に陥ることもあるでしょう。

しかし、誰かが言わなければ、部下は成長しませんし、あなたの部署の業績も上がりません。支援できるのは、管理職であるあなたしかいないのです。そして、業績が高まっていく職場をまとめていくのも、管理職であるあなたしかいません。

パワハラなどは論外ですが、耳の痛いことを言って嫌われるのは、管理職の役割の一つ

です。

嫌われることも「役割」なのです。

部下に一時的に嫌われることにはなるかもしれませんが、部下には、仕事のあり方を立て直してもらわなくてはならない。そのようなときに躊躇《ちゅうちょ》してはいけません。そんな覚悟を持ってフィードバックに臨めば、短期的には辛《つら》い思いをしても、長期的には必ず部下から感謝される日が来るはずです。

ある企業のマネジャーは、部下に耳の痛いことを指摘するのが嫌で、長いこと、彼らに何も言いませんでした。しかし、部下の業績や勤務態度は悪くなる一方。ついには社内でも問題になり、いよいよマネジャーが指摘をしなければならない局面になったそうです。しかし、そのような段階になっては「もう遅い」のです。しかも、当の部下からは「もっと早く指摘してほしかった」と言われたそうです。

「鉄は熱いうちに打て」とお話ししましたように、時期が遅くなればなるほど、変わることは難しくなります。一時的に嫌われることを恐れて、放置しておけば、部下はますます変わるタイミングを逸《いっ》していきます。

管理職は、**嫌われて、感謝されるのです。**

管理職にとって、たとえ嫌われたとしても、耳の痛いことをしっかりと伝えることは、大切な「役割」の一つです。

しかし、中には、それでも、どうしても割り切れない人もいらっしゃるかもしれません。その場合には、フィードバックをする前に、「自分は、職場を良くするために、管理職という役割を演技しているだけで、本心から言っているわけではない」と考えてはいかがでしょうか。あるいは、「フィードバックではなく、成長支援をしている」という捉え方をするのもよいでしょう。

たかが捉え方の違いと思うかもしれませんが、それだけでも、精神的には少し楽になるものです。そうすれば、多少辛辣《しんらつ》なことを言うのも仕方がないし、嫌われるのも当たり前と思えてくるでしょう。

また、同じレベルの管理職で集まって、最近、どんなフィードバックをしたのか、情報交換をするのも良い方法です。強ストレス下で行われるフィードバックは、一時的に「毒性感情」を高めてしまうこともあるのです。抱えているモヤモヤを、皆ではき出せば、一種の「解毒」になります。

同じ社内の管理職同士であれば、誰がどんな働きぶりなのか、情報を共有することで、「面の育成（管理職全体で「面」をつくり、育成を分散しながら担うこと）」にもつながります。誰かが悪かったという話だけでなく、良かったという話もできればベストです。そこで得た情報をうまく活用すると、部下のモチベーションを大きく高められます。

たとえば、この場で、一人のマネジャーの下にいるM君が頑張っているという話が出たとします。それを聞いた他のマネジャーが、M君とエレベーターなどで一緒になったとき、「M君、頑張っているみたいだね」「君の上長が言っていたよ」などと声をかけると、M君のモチベーションは俄然高まります。上長に直接言われるより、他の人に言われた方が、白々しい感じがないので、何倍も嬉しいのです。こうした意味でも、管理職同士の解毒会議はおすすめです。

Tips⑧：どうしてもフィードバックが難しいときもある

こうしたフィードバックの入門書では、あまり語られないことですが、フィードバックについて頭に入れておきたいことがあります。それは、あなたが、どんなに部下の成長を願い、心を込めてフィードバックをしても、「変わらない部下」というのはいるということです。

残念ながら、フィードバックをどんなにうまく行っても、変わらない人というのはいます。私たちは、そうした場合がありうることをまずは認めましょう。そして、そのときには過剰に自分を責めないでください。**相手は「大の大人」として、意志を持って「変わらないこと」を選択しているのです。**

さて、そのようなときにはどうすればいいのでしょうか。

時間と精神的余力が無尽蔵にあれば、そうした部下にも時間をかけて成長支援し続けることもありうるのかもしれませんが、現実には時間が足りなくて困っているマネジャーばかりのはずです。

そのようなときに、私はフィードバックで相手が立て直すまでの**「期限」を決めること**をおすすめしています。一般的に三回～五回くらいでしょうか。それまでは、相手の成長を信じ、フィードバックをします。相手にも、「変わるまでには猶予や期限があること」を通知していきます。しかし、それでも、どうしても、**部下が自分を変えようとしないな**

らば、いわば「外科的手術」しか方法はありません。それは、配置転換、降格、組織からの退出ということになります。フィードバックは、配置転換、降格、退出などの血生臭い人事施策とセットで考えるのが「鉄則」です。

人材開発の研究者がそんな「血生臭いこと」を言うな、と思われる方もいらっしゃるかもしれません。一般に人材開発は「青臭い働きかけ＝相手の成長を信じ、支援をすること」から始まります。たいていの場合は、それで何とか奏功すると思いますが、はなから変わる気のない相手もいます。その場合には「血生臭い働きかけ」を行わざるを得ません。

ただし、ここで重要なことは、**安易に「外科的手術」に走らないこと**です。まずは部下の成長を期待し、信じることから、私たちは始めたいと思います。しかし、この世には、手術でしか治らない病もあります。その際には、自信をもって「決めて」ください。病巣を放置しておけば、組織や職場そのものが病に冒されてしまうこともあるのですから。職場全体を健全な状態に保ち、業績を上げる状態をつくりだすことができるのは、管理職であるあなたしかいないのです。

さて、本章では、フィードバックを行ったときに特に難しい点やTipsについて述べさせていただきました。次章では、フィードバックを行ったときに実際に起きやすい困った事例をタイプ・シチュエーション別にQ＆Aで論じています。さらに深掘りされたフィードバックの「実践知」をぜひお楽しみください。

なお、本章以降の章末（三章末・四章末・五章末）には、現役マネジャーによるフィードバック体験談も収録しました。ふだん、なかなか表に出ない現役マネジャーたちのフィードバック経験です。「賢者は他者の経験から学ぶ」というのは古《いにしえ》からある名言ですので、これをよい学びの機会にしてください。

コラム

現役マネジャーが語る 匿名「フィードバック」経験談

実際にフィードバックをするようになると、うまくいかないことも出てきます。そのときに参考になるのが、他社のマネジャーたちの経験です。フィードバックの多くは「ブラックボックス」に閉じられていますが、ここでは、そのベールをはがし、他者の経験に学ぶことを試みたいと思います。業種は違っても、行き詰まるポイントは似通っているものです。今回は商社、外資系企業、シンクタンクと毛色の異なる三社の現役マネジャーに、どのようにフィードバックを行っているのか、話を伺いました。ぜひあなたのフィードバックの参考にしてみてください。

■フィードバック事例1
大手商社　部長・森岡卓さん（仮名・五十三歳）

大手商社で部長を務める森岡さん。三年前に異動してきたとき、問題が山積していた部署を立て直すために、フィードバックや、それを支える面談の仕組みを自部門に取り入れました。その結果、コミュニケーションが円滑になり、大きな問題もなくなったそうです。

五〇人の部下と、年二回の面談を通じて、現状を把握する

——森岡さんの部署では、独自にフィードバックや個人面談などの仕組みを取り入れているそうですね。

森岡　はい、もちろん人事とは連携していますが、会社全体の取り組みというのではなく、自主的に行っています。

きっかけは、二〇一四年に、今の部署に異動してきたとき、職場環境が荒れていたことです。

状況を把握しようと思い、部下たちと面談をすると、仕事をまったくしない部下や、部下に暴言を吐きチームワークをぶち壊すマネジャーなど、問題児の話題がこれでもかと出てくる。一年間で浴びていい限度を超えたネガティブなブローを、ものの三日間ぐらいで浴びてしまいました（笑）。これは、生半可なことでは修正が効かないぞと思い、フィードバックや面談の仕組みを取り入れようと考えました。

――現在では、どのようにされているのですか？

森岡　まずは、すべての部下との個人面談を、年二回行っています。正社員のうち総合職は一時間、一般職は三十分、正社員ではない契約社員や派遣社員とも十五分ほど時間をとっています。総合職の方はキャリアプランなどの話もするので、多めに時間をとっていますが、いろいろ忌憚《きたん》なく話してくれるようでしたら、契約形態に関係なく、時間の許す限り、とことんつきあいます。

さらには、「振り返り会」といって、二カ月おきに、自分の直属の部下にあたる課長やマネジャーに対して、マネジメントに関する振り返りを促す個人面談も行っています。

――それだけやると、かなり大変ではありませんか。

森岡　そうですね。正規・非正規を問わず考えると、私の部下は五〇人ほどいるので、一人三十分ずつやったとしても、一週間は面談しっぱなしになります。他の業務もありますから、肉体的にも精神的にもかなりキツくなりますが、個々の部下や職場全体の状況を把握するには、個人面談が一番だと思っています。

これだけの数の人に話を聞くと、職場の人間模様が立体的に浮かび上がってくるんです。すると、よく働いているように見えていたけど、女性のアシスタントさんからはすごく乱暴だと思われている部下がいたりと、管理職である自分だけでは気づかなかった点が見えてきます。

また、従業員同士のコミュニケーションも停滞していたので、それが活発になるように、さまざまな面談を増やしました。半年に一回、課長と別の課長で話す機会をつくったり、役職も課も関係なく、ペアになって月一回話すという「ペアインタビュー」という仕組みも導入したりしています。

――それで、コミュニケーションは円滑になりましたか？

森岡　当初と比べると、格段に良くなりました。ほんのちょっとコミュニケーションを取れば済むのに、取らないことで互いに誤解が生じ、うまく進まなくなることってよくあると思うのですが、そうしたトラブルが大幅に減りましたね。ただ、それでも、問題を起こす部下は出てきます。そうした部下に対しては、フィードバックを行っていきました。

その成果か、赴任した当初と比べると、部署の業績も上がっているし、アンケートの職場満足度も高くなっている。改革はまずまずうまくいっていると思います。

実名を挙げてでも、ストレートに指摘する

——フィードバックをするときに心がけていることはなんですか？

森岡　心がけている、というわけではないのですが、割とストレートに、そのまま、自分の見たものや感じていることを提示してしまいます。

たとえば、Aさんという課長がいました。自己承認欲求がけっこう強いタイプではあったのですが、仕事はきっちりしていて、内部管理が得意なタイプ。私が赴任した当時はそれほど悪い評判ではなかったのですが、ある日個人面談をしたら、Aさんの課内での評判が著しく悪くなっていたのです。

理由を聞いてみると、しょうもない話なんですが、月に一回、部下たちのためにス

イーツを買ってくるらしいんですよ。

——それだけ聞くと、悪い人には聞こえませんけどね。

森岡　そうなんですけどね。ところが、そのスイーツを買うことがだんだんとルーティンになってきて、周囲からは、恩着せがましい態度に見えるようになっていったらしいんです。で、その日に休んだ部下のことを「せっかくの俺のスイーツの日なのに、あいつ休みなのか」と言ったり、照れ隠しで「これは、あくまで上司の仕事としてやっているんだ」と部下のいないところで言っているのを折り悪く部下に聞かれたり、最後には同格の課長に「お前も買え」と言い始めたりといったことがありました。これで、皆に総スカンを食らい始めたんですね。

そこで、Ａさんを呼び出してこう言いました。「君の買ってくるスイーツ、評判悪いぞ」と。さらに、「部下の中には、こう言っているものもいるし、ああ言っているものもいる。よかれと思ってやっていることかもしれないけれど、部下には、別の見方で見られているかもしれないぞ。そんなつまらないことで信頼を落とすのは、損に見えるけど、どう思う?」と、批判されている内容を具体的に伝えました。

——直球勝負ですね。

森岡　直球勝負は、他の人も同じです。酒ぐせが悪くて、飲み会で男女にかかわらずやたらと肩を強く叩くBさんというリーダーがいたのですが、彼にも「君、酒飲むと乱暴になるって、周囲からすごく嫌がられているよ」と言いました。

――それで皆さん、改善できたのでしょうか。

森岡　Bさんはすぐに謝って反省したのであまり問題はなく、今も要職で活躍中です。Aさんの方は、たまたまその後すぐに転勤になったので、効果があったのかよくわかりません。もしかしたら恨まれているかもしれませんね。でも、恨まれようがなんだろうが、言わなければ、大勢が不快な思いをし続けていたでしょうし、何よりも、本人が気づけないままだったでしょう。そういう内容のフィードバックは、逡《しゅん》巡《じゅん》していてはいけないと思います。

――森岡さんがそれだけ思い切ったことを言えるのは、年二回の全員面談などで、情報を集めていることも大きいでしょうね。

森岡　そうですね。確信が持てないことは、ここまで強くは言えません。正確な実態を把握せずに、自分の印象で強く言っているだけでは、間違いなく部下に愛想をつかされると思います。

ストレートに、しかし決めつけない

——その他に、フィードバックで心がけていることはありますか？

森岡　ストレートに言うことと少し矛盾するように思えるかもしれませんが、「決めつけない」ことは心がけています。いくら情報収集をしても、絶対的に正しい事実をつかめるということはありえません。物事というのはすべて関係性の中で相対的でありますから、真実は一つではないはずです。

だから、自分が何でも知っているとは思わず、「こういうふうに見えるよ」とか「こうなんじゃないのか？」などと、断定しないようにして、できるだけ客観的事実を並べるようにしていますね。

——ストレートに、しかし、決めつけない、というのは名言ですね。

あとは、「なるべく冷静に言うこと」も心がけています。その方が、相手に響くと思うからです。というのは、私のマネジメントの師匠が、すごく激昂《げっこう》する人だったんですよ。そういうタイプの人が、たまに冷静に言うと、すごくこたえた。

たとえば、部下が辞めてしまって私がとても落ち込んでいるときに、飲みに誘ってもらったんです。なぐさめてくれるのかと思ったら、その上司は冷静にこう言いました。「あのさ、落ち込んでいるときに悪いけど、部下が辞めたのは君のせいだからね」「君に人間的魅力がないから辞められるんだよ」と。

――ハハハ、それはキツイですね。

森岡　激昂しているときには何を言われても「何を言ってるんだ、このオッサン」くらいにしか思っていなかったのですが、珍しく冷静に言われたのには、ひどくこたえましたね。

ちなみにこの件は、私の心に、よほど深く刻みつけられているらしく、先日、部下の課長に対して、「部下が辞めたのは、君に魅力がないせいだ」と同じことを口走ってしまいました。フィードバックは連鎖するようです（笑）。

部下に面談の議事録を書いてもらい、その理解度を確認する

――面談の内容は、どのようにストックしているのですか。

森岡　面談が終わった後で、部下にまとめてもらったものを、私の元に送ってもらうようにしています。これは自分で議事録を書いている時間がないというのもあります

が、もう一つ狙いがあります。それは、部下が本当に私の話の内容を理解しているのかどうかを知るためです。

たとえば、先ほどAさんという課長の話をしましたが、彼にフィードバックをしたとき、その議事録には、四十五分近く話したスイーツの話が、わずか二行しか書かれていませんでした。頭にきているから書けなかったのでしょう。まだ消化できていないということがひしひしと伝わってきました。

また、この議事録には、面談の最中に言いそびれたことも書いていいことにしています。面談の後に「そういえば、あれを言い忘れていた！」と思い出すことは、よくありますからね。こうすることで、部下の理解をより深められるように努めています。

――これだけ情報収集をされていれば、フィードバックが成功する割合も高いでしょうね。

森岡　素直に受け入れてもらえることも多いですが、さすがに、すべて成功しているわけではありません。

たとえば、マネジャーをしていたHさんは、どうにもなりませんでした。四十代半ばで、国際経験がほとんどなかったものの、人事から「ぜひ森岡さんの部署に」と推薦されたのでＯＫしたのですが、遠慮しているのか、なかなか自分から動こうとしない。そのうち部下の方も敬遠するようになってしまったので、半年くらいの時点で、「さすがに存在感がなさ過ぎないだろうか？　君が、この組織に対して貢献できることは、今のあり方ではないと思うがどうだろう？」とフィードバックしました。本人も苦しんでいるようでしたが、それでも一向に変わらない。頑張り過ぎて高圧的になっているとかなら、まだ対処のしようがあるのですが、とにかく沈んでいるだけなので、逆に手に負えない。結局、一年で異動してもらいました。正直言って、この人に対しては何をフィードバックすれば変えることができたのか、いまだにわかりません。そもそもフィードバックでは改善できなかったケースだったのかもしれません。

また、被害者意識が激しかった一般職の女性がいたのですが、この人も変わる雰囲気がなかったので、配置換えをするしかありませんでした。

——言っても変わらない人はいますからね。ある程度は配置換えもやむを得ないことだと思います。

森岡　そうですね。ただ、他の部署に異動してもらうのは、自分の部署にとってはプラスに働くのかもしれませんが、会社全体や異動先から見たら、プラスとは言い切れません。全体的なことを考えれば、自分の部下だったときに、少しでも良い方向に進むようフィードバックをすることが、中間管理職の責務だとは思っています。

――本日はありがとうございました。

解説

森岡さんの事例で最も印象的なのは、「ストレートに伝えるけれど、決めつけない」という森岡さんの姿勢です。

日頃から、「1on1」を繰り返し、情報を収集しているだけに、このようなストレートなフィードバックが可能になるのだと思いますし、その上で森岡さんが「決めつけない」ように配慮しているところも印象的でした。

また、森岡さんは、自分の行ったフィードバックが、部下にどの程度刺さっているかを、部下からの報告書で確認しています。自分としてはしっかりフィードバックしたつもりでも、案外、相手に響いていないことは、よくあるものです。その点、このやり方は非常によい方法だと思います。

第三章　まとめ

●フィードバック実践　5つのチェックポイント

1. あなたは、相手としっかりと向き合っているか？
　⇒「即時フィードバック」、シリアスモードを崩さない
2. あなたは、ロジカルに事実を通知できているか？
　⇒「SBI情報」を淡々と伝える
3. あなたは、部下の反応を見ることができているか？
　⇒相手の言っていることを「リピート」して受容する
4. あなたは、部下の立て直しをサポートできているか？
　⇒部下に立て直し策を「選ばせる」
5. あなたは、再発予防策をたてているか？
　⇒再発するパターンを「先回り」して考える

●フィードバックにまつわる8つのTips（コツ）

Tips①：フィードバック前には必ず「脳内予行演習」
Tips②：フィードバックの内容も記録する
Tips③：耳の痛いことを言った後で無駄に褒めない
Tips④：フィードバックは「即時」と「移行期」にこそ行う
Tips⑤：フィードバックの沈黙時には時空間を変える
Tips⑥：フィードバックの強烈なストレスと向き合う方法
Tips⑦：「嫌われるのも仕方がない」という覚悟を持とう
Tips⑧：どうしてもフィードバックが難しいときもある

第四章

タイプ＆シチュエーション別
フィードバックＱ＆Ａ

フィードバックの基本的なノウハウは第二章、第三章で述べましたが、実際には、これを知っているだけでは、まだ十分ではありません。

フィードバックでは、かなり耳の痛いことを言いますから、全員が全員、素直に受け入れてくれるとは限りません。突然キレる人、ああだこうだと言い訳する人、黙り込んでしまう人、話題を変えようとする人……などなど、さまざまな反応をする人が出てきます。そうした反応をされれば、言葉に詰まってしまい、これ以上話すのをやめてしまう……というマネジャーもいることでしょう。

とはいえ、部下に今の行動を改めてもらいたいなら、フィードバックをしないわけにはいきません。聞く耳を持ってもらうためにも、話を上手に持っていく必要があるでしょう。

そこで、本章では、部下のタイプ&フィードバックのシチュエーション別に、上司がどのように対処すべきかを、Q&A形式でお話ししていきたいと思います。さまざまな対処法を頭に入れておけば、あの手この手を繰り出せるようになり、フィードバックによって部下が成長する確率が高まるはずです。

すぐに激昂してしまう「逆ギレ」タイプ

▼「〇〇さんはどうすればいいと思う？」と改善策を聞く

おそらく、フィードバックをしたときに、最も多いトラブルのパターンは、「フィードバックした相手がキレること」ではないでしょうか。

「課長は何もわかっていません！」

「それは課長の問題認識が間違っています」

などと、フィードバックの内容にかみついてくるといった事態はよく起こります。

こんなとき、部下をなだめすかして、怒りを鎮めようとする人は多いでしょう。

たとえば、「君が頑張っているのはわかっている」とねぎらったり、「たしかに、君のこういうところは良いところだ」と褒めたりする。また、「私はそう思っていないけど、人事（または自分の上司）がそう言っているから仕方ないんだ」と他人のせいにする、といったところです。

しかし、以上の方法はどれも逆効果になることが多いものです。ねぎらったり、褒められたりしても「白々しい」と思われるし、人のせいにしたら、「責任逃れをして、卑怯だ」

と思われます。いずれにしても、その後の仕事に、悪影響を及ぼすことは確実です。

では、どうすれば、相手の怒りを鎮めつつ、こちらの話を受け入れてもらって、成長につなげられるのでしょうか。

方法の一つは、相手に「改善策を聞くこと」です。「そんなに怒るということは、『こうした方がいい』という強い思いがあるんだよね？　それを聞かせてくれないかな」などと言うのです。

すると、本当に改善策を持っている人なら、高ぶったネガティブ感情をポジティブ感情へと変えることができます。「よくぞ聞いてくれました」とばかりに、とくとくと持論を述べることでしょう。

そのとき、あなたは多少暴論があったとしても、最後まで聞ききってください。そうすれば、相手は自分の言いたいことが言えて、スッキリします。その上で、「この意見は一理あるから早速取り入れよう。でも、こういうところは改善した方がいいと思うよ」というように話を持っていけば、相手も聞く耳を持ってくれるはずです。

もっとも、多くの場合、こうしたタイプは改善策など持っておらず、単に自尊心を守るために、人のせいにしたり、反論したりしているだけです。改善策を尋ねれば、「そ、それは……」と言葉に詰まってしまうでしょう。そうした場合には、「○○さんはせっかく強い思いを持っているんだから、それを数字や成果に結びつけることができたらいいんじゃないかな」と言い、一緒に改善策を考えることができるでしょう。

くわえて、いきなり部下にキレられると、びっくりして、頭が真っ白になることがあります。そうした場合も、無理に話そうとしないで、相手にしゃべらせておきましょう。言いたいことをすべて話せば、怒っていた相手も落ち着きを取り戻すものです。

何を言っても黙り込む「お地蔵さん」タイプ

▼変にフォローすると刺さらなくなる。こちらも負けじと黙り込む

人によっては、キレると沈黙する人もいます。「君はどう思う？」と話を振っても、黙ることで不満を表すタイプです。

「怒ってるのかな？」「このままじゃ人間関係がやばいんじゃないか？」……。その沈黙に耐えられなくなり、褒めるなどのフォローを入れる人がいますが、これこそ相手の思うツボ。相手の有利な展開にされてしまい、フィードバックを聞き入れてもらえなくなりま

す。

もし相手が沈黙してきたら、こちらも黙って待つのが正解であることが多いものです。くどいようですが、「一時間でも二時間でも待つ」という覚悟を持ちましょう。そうしてこちらの本気度を示せば、相手が根負けして口を開いてくれるものです。

そこまで待っている時間の余裕がない場合は、思い切って日を改めてしまいましょう。相手が「Uncoachable」な状態になっている可能性があります。時間と場所を改めて、新たな気持ちで相手に向き合いましょう。

上から目線で返される「逆フィードバック」タイプ

▼「もし君が上司だったら、この職場をどう変えるの？」と意見を求める

「では、言わせてもらいますが、私は、○○課長のやり方にも問題があると思います」

フィードバックをしていると、逆に、部下の方から、上司であるこちらのマネジメントを批判されることがあります。

批判をされると、「自分のことを棚に上げて、俺の批判!?」とムッとするかもしれませんが、そこで怒っては、ますます険悪な雰囲気になります。

こういうときこそ、冷静に切り返しましょう。まずは「聞ききること」です。相手に話をさせれば「矛盾」や「つっこみどころ」が必ず生まれます。

おすすめなのは、「もし君が私の立場だったら、この職場をどう変えるの？」と「仮定法的な質問」を投げかけることです。

「もしあなたが◯◯だとしたら、どう思いますか？」というようなことは、普段、人は考えません。私たちは、前のめりに日常生活を生きているので、仮定法的な質問に弱いのです。ですから、もし視点を変えたいと思ったら、「仮定法的質問」を繰り出すことで事態を乗り越えることもできます。

そして、「こう変える」という部下の意見を聞くと、多くの場合、矛盾が出てきます。その矛盾を指摘すれば、部下は口をつぐんでしまうはずです。

時には、部下の意見が一理あることもありますが、そんなときは「確かに一理あるね」と認めつつ、「でも、君もこのように変えないとヤバイと思うよ」と話を戻しましょう。そうやって、自分の主張をとことん貫き通せば、部下も聞かざるを得ないと思い始めるはずです。

言い訳ばかりしてくる「とは言いますけどね」タイプ

▼「他に原因はありますか？」とどんどんしゃべらせれば、必ず矛盾が出てくる

こちらがフィードバックした内容に対して、もれなく「いやいやいや、とは言いますけどね……」と言い返してくる人がいます。「とは言いますけどね」病とでもいえる症状で、年配者に多い印象があります。

「景気が悪い」などと環境のせいにしたり、「取引先の社長と部長の仲が険悪で、話が一向に進まない」とクライアントのせいにしたり。社歴の長い中年ほど、のらりくらりと言い訳をしながら、こちらのフィードバックを巧みにかわしてきます。

こんなタイプの人と対するときには、どうすればよいか。

私がおすすめするのは、「他に何か原因はありますか？」と言い訳をたくさん言ってもらうことです。あいづちをうちながら、好き放題言ってもらいましょう。

なぜかというと、言い訳が多いほど、必ず「論理のほころび」が出てくるからです。そこをつくと、相手は自分の過ちに気づき、何も言えなくなります。

まったくの余談ですが、私は合気道をやっています。その中で、フィードバックは合気

道に似ているなと思うことがあります。

合気道では、相手の力を受け止め、それをうまく利用したうえで相手に攻撃をつなげます。この意味で、フィードバックは合気道の技に類似していると思います。

また、言い訳したことを「オウム返し」するだけでも、相手はハッとすることがあります。

たとえば、「私は、以前、先輩に指摘された通りにやっています。主体的にこれ以上動けって言われても無理ですよ」などと言われたとしましょう。

そうしたら、

「先輩に言われた通りやっているんだ。主体的にやっているんだよね……。言われた通りにやって、もうこれ以上できないんだよね」

などとオウム返しをするのです。

すると、相手は、

「先輩の方法じゃなくて、自分でもう少し工夫できた部分もあったかもしれませんね」

などと、自分から言ってくることがあります。これは、私がオウム返しをすることで、自分の言っていたことの矛盾（「言われた通り」に「主体的」にやっている）に途中から気づいたわけです。

フィードバックのコツは、「鏡のように話す」ことだと話しましたが、オウム返しもまた、「鏡のように話すこと」の一つの形といえるでしょう。

オウム返しをするときのポイントは、「しかし」や「でも」といった逆接の接続詞を使わないことです。そうした言葉を使うと、相手は「自分のことを否定しようとしている」と捉え、こちらの言うことを素直に聞こうとしなくなります。相手を肯定しているように見せることで、相手も反省する気になるのです。

全然なんとかならない「根拠なきポジティブ」タイプ
まったく大丈夫ではない「大丈夫です！」タイプ

▼「なぜなんとかなると思うのか？」その理由を挙げてもらう

フィードバックでキレることはないけれども、その後の改善がまったく見られない人がいます。なぜ改善できないかといえば、そういう人の多くは、フィードバックの内容を聞いていないか、自分の都合のよい内容に変換しているからです。

たとえば、「納期が大幅に遅れていて、クライアントが激怒している」といった深刻な状況に置かれていて、改善するよう指示しているのに、「悲観的過ぎますよ。何とかなりますよ」と根拠なくポジティブな返答をするような人です。「根拠なきポジティブ病」とでもいえる症状で、年配者に多い印象があります。

また、どんなフィードバックをしても、「ありがとうございます！　大丈夫です！」と答える人がいます。特に問題なさそうに見えますが、実は、「大丈夫です」と言うことで、これ以上言われないようにしています。つまり、フィードバックそのものを「拒絶」しているのです。怒られ慣れていない若い人にありがちな「すぐに大丈夫病」です。

これらのタイプの人に、刺さるフィードバックをするためには、「なぜなんとかなると思うのか」「なぜ大丈夫と思うのか」、一歩踏み込んで、その具体的な理由を挙げてもらうといいでしょう。いくつか挙げてもらえば、矛盾点が必ず出てきます。そもそも、具体的な理由が出てこない可能性も大いにあります。そこをつけば、相手も聞く耳を持たざるを得なくなります。このようにフィードバックでは、相手になるべく言葉にさせることを通して、それらの矛盾を探しつつ、攻撃につなげます。その間、上司は相手から寄せられるさまざまな情報を冷静にロジカルに考え、分析していくことが求められます。

隙あらば別の話題にすり替える「現実逃避」タイプ

▼根気よく話を元に戻して、何度でも同じことを述べる

フィードバックを受け慣れている海千山千の人の中には、ちゃんと聞いていると見せかけて、「すみませんでした。ところで……」といつの間にか別の話題にすり替える人がいます。自分が責められている状況から早く逃げ出したいという思いから、そうしたすり替えに入るわけですね。すり替えに関して、匠の技を見せるベテラン社員が、あなたの周りにもいるのではないかと思います。

しかし、このように話題をすり替えようとする人は、まず、フィードバックの内容を覚えていません。現実逃避をしたいわけですから、真正面から課題に向き合うはずがないのです。

こうした人にフィードバックが刺さるようにするためには、「私の言いたいことはそのことじゃないんです」と話を何度も元に戻し、何回でも同じことを述べるしかありません。場合によっては、ホワイトボードや白紙に論理の展開を図示することも一計です。相手をロジカルにおいつめ、「論理」を「すり替えていること」を意識させなければなりません。

また、「さっきから厳しいことばかり言って、そんなに私のこと、嫌いですか？」と感情論を持ち出す人もいますが、これも一種の話題のすり替えです。ロジックでは勝てないと察した相手は、今度は感情論に話をすり替えようとしているのです。

くれぐれも、相手の土俵に乗ってしまうことだけは避けねばなりません。「人としては好きだけどさぁ」などと余計なことを言ってしまうと、発言に尾ひれがつき、他の部下から「課長は○○さんのことがお気に入りですからね」「私には用がないと全然話しかけてくれないのに」などと、どんどん話がこじれてきます。「部下を観察することが大切だ」と言いましたが、部下は予想以上に上司のことを観察しているものです。窮屈ではありますが、そのことをいつも念頭に置いて、行動することが、マネジャーには求められます。

上司のお前が間違っている！「思い込み」タイプ

▼部下の日頃の行動を記録して、それを元に具体的に指摘する

「そもそも上司が私の状態を解釈するところから間違っている。それを踏まえたフィードバックなど、聞くに値しない」

そう思い込んでいるタイプには、何を言っても響きません。上から目線の発言などをする人にありがちな病ですが、言動や態度にその兆候が出ない人もいます。

すべてのタイプに言えることですが、特にこのタイプの部下に関しては、日頃の行動を観察して、気づいたことを詳細にメモすることが大切です。その上で、「先週のこの仕事のときに、こんなことをしていたけど……」とメモを元に、具体的に指摘すれば、部下も「上司が間違っている」とは考えにくくなります。徹底的なデータ勝負です。九七ページの図表14でみたように、ＳＢＩ情報を収集しましょう。

また、なぜそういう指摘に至ったのか、上司目線の話を事細かく話すことも、効果的です。たとえば、部下を何かのチームリーダーから外すという決断をしたとしたら、その理

由を上司の目線からいくつも並べることです。単に「成果があがらなかったから」だけでなく、「B君を新リーダーにすることで、これまでと異なる客層が開拓できると考えた」「君はCさんと組ませた方が、力を発揮するのではないかと考えた」「D君が伸び悩んでいるので、リーダーに昇格させて、刺激を与えたかった」などと、上司目線の話をするわけです。

実は一般社員は、意外なほど、上司目線の話がわかっていないものです。それを教えてあげることで、「上司はそんなことを考えていたのか」「自分より一枚も二枚も上手だな」と部下が納得し、話を聞いてくれることがあります。

なんでも他人のせいにする「傍観者」タイプ

▼「傍観者に見えるよ」とそのまま指摘する

「やり方を教わっていなかった」

「○○さんに、こうやれと言われたから」

「ルールがないから」

などと、何を言っても、他人のせいにする人がいます。

このタイプの人は、「自分にも責任がある」ということを自覚させないと、いつまで経っても変わりません。正確に言えば、うすうす自分にも責任があるということはわかっているけれども、それを認めたくなくて、逃げ回っているといえます。だから、逃げ場をなくすことが重要です。

たとえば、このように返すことも一計です。

「これはうちの職場で起こったので、みんなが問題に向き合うことが求められているのです。あなたも、その一人です。あなたも『傍観者』ではなく、当事者として問題に向き合ってください。さっきの君の発言は『傍観者』のものに聞こえます」

こう言えば、相手は「はい、傍観者ですから」とは言えません。さらに、

「もし仮にこの事態を引き起こしている原因が、自分にもあるとしたら、それは何？　君にできることは何一つなかったの？」

「君も職場のメンバーなら、何で貢献できるの？　何を返してくれるの？」

と言えば、当事者として問題と向き合わざるを得なくなります。この質問によって、「こうしたことができた」という発言を引き出せればＯＫです。あとは、それをしているかどうかを「１ｏｎ１」でチェックすれば、成長に結びつけることができます。

自分に都合よく解釈してしまう「まるっとまるめちゃう」タイプ

▼「私の言いたいことはそうではない」とはっきり言う

「なるほど。要は、やる気を持てばいいんですね」

「そうか。つまり、自分らしさをもっと前面に出せばいいんですかね」

フィードバックをしたとき、安易にその内容をまるっとまとめてしまう人がいます。

そのまとめ方が正しければいいのですが、九割以上は、都合のよいところだけ取り出して、フィードバックの趣旨や内容、精度を故意に薄めているだけです。キツイことを言われた精神的ショックを和らげたいのか、単に理解力がないのかは、よくわかりませんが……。こちらも、どちらかといえば、ベテラン社員に多い病です。

これと似たようなタイプに、「言われたことを矮小《わいしょう》化する人」もいます。「絶対に直さなくてはいけない」と言ったことを、「直せるようなら直した方がいいけど、今のままでもいい」ぐらいに矮小化してしまうのです。

このような人は、そのまま放置していては、永遠にフィードバックが刺さりません。「いや、私の言いたいことはそうじゃない」と言ってはっきりと否定して、もう一度フィードバックをしましょう。根気よく、何度も言うしか、その人を改善する手はありません。

あるいは「あなたは、私の指摘している内容を、薄めて理解する傾向があります」「あなたは、私の指摘している内容を、都合のよい部分だけ抜き出して理解されているように見えます」とストレートに返すことも一計です。一時的には言い合いになるかもしれませんが、衝突を恐れてはいけません。放置しておけばおくほど、あとから、物事を変えるのは大変になってしまうのです。

どれだけお膳立てしても挑戦しない「ノーリスク」タイプ

▼「挑戦しなくてもいいけど、現状維持はできないよ。このままだとこうなるよ」と伝える

管理職や新しいプロジェクトの責任者など、責任のある仕事に抜擢しようとすると、かたくなに拒否する部下がいます。出世欲もないし、今のままの状況でも十分幸せだから、そんな仕事はしたくないというわけです。また「制作の現場が好きだから」「営業の現場が好きだから」と言って、このままの状況でいたがる人もいます。

しかし、これらは単に挑戦したくない言い訳に過ぎないことが大部分です。こういう部下を奮起させるにはどうしたらよいでしょうか。

その一つの方法は、「このままの仕事を続けても、現状維持できるわけではない。さらには、このままだと君のキャリアはこうなるよ」と将来の見通しを伝えることです。

新しい仕事を避けようとするのは、今のままでも、自分の地位が安泰だと思っているからです。しかし、そんなことはありえません。自分では「年を取っても今の仕事が務まる」と思っても、周囲からはそう思われなくなっていくことが多いからです。

たとえば、営業などの仕事によっては、取引先から見ると、業務知識の豊富なベテランよりも、知識は少ないがフットワークが軽い、若い人が求められることがあります。また、取引先担当者が若ければ、年齢の近い人の方がやりやすいと考えるものです。

挑戦を嫌がる部下には、そのことをはっきりと認識してもらうことが大切です。しかも、このままの状態でいた場合の「今後の見通し」をはっきりと伝えましょう。そのうえで、現在の自分といかにギャップがあるのかを認識してもらうのです。

昔取った杵柄を振りかざす「元○○の神様」タイプ
▼「立場上、私はこう言わざるを得ないのですが」と前置きしてから、率直に述べる

特に、ＩＴ系の企業のマネジャーから「対処に困る」と言われるのが、「元○○の神様」です。

たとえば、一昔前に一世を風靡《ふうび》したプログラミング言語に関しては社内の誰よりも詳しく、「神様」として崇《あが》められていたけれども、今は使わなくなってしまったため、給与が高い割に、成果をあげられていない。しかし、いまだに社外では「神様」と褒め称えられている……。そんな人に対するフィードバックは難航するといいます。

こうした「元○○の神様」が部下についてしまい、しかも自分の方が年下だと、頭を抱えてしまうマネジャーは、少なくありません。

「元○○の神様」には「昔は素晴らしかったかもしれないけれど、今は成果を出せていない。そして、評価の対象になるのは、過去のあなたではなく、今のあなたに対してであ

る」ということを率直に伝えます。そのうえで、「成果を出すためには、今必要な技術を新たに学び直さないといけない」と、今の位置をはっきりとフィードバックして、過去の自己像をアンラーニング（Unlearning：学習棄却）してもらう必要があります。

相手は、強烈な成功体験を持っていて、それなりにプライドもありますから、耳の痛いことをストレートに言えば、「お前みたいな若造が何をえらそうに」と反発してくる可能性もあります。

今は自分の方が上司なのですから、遠慮をしていてはいけませんが、なんとなく恐れ多いなという気分になってしまうのはよく理解できます。

そこでおすすめなのは、どうしても言いにくい場合には「立場上、私はこう言わざるを得ないのですが」と言うことです。こう言っても、元○○の神様が納得してくれるかどうかはわかりませんが、「あなたのことをリスペクトしているが、役割を遂行するために言っているんだ」という意味づけができ、言うべきことを言えるようになります。一種のおまじないみたいな言葉です。

相手は酸いも甘いも知り尽くしたベテランです。こういう場合は、礼儀を忘れずにしっかりとこちらの立場と誠意を伝えることで、意外と話を聞いてくれます。今まで改善できていなかったのは、単に皆から崇めたてられていて、誰もフィードバックしてくれなかったから、という可能性もあるからです。先述した通り、フィードバックをすると、逆に、「何でもっと早く言ってくれなかったんだ」と言われることだってあるほどです。

前評判と働きが違う「他では優秀」タイプ

▼「郷に入れば郷に従え」とはっきり伝える

以前いた同業他社では優秀だったはずなのに、うちの会社ではまったく成果が出せていない。

そんな中途入社の部下を抱えた経験のあるマネジャーは、少なくないでしょう。

「そもそも前の会社でも優秀ではなかった。ウソをついていただけ」というケースもありますが、本当に優秀だったというケースもあります。

後者の場合、よくある原因は、「会社の文化の違いに、うまくなじめていない」ことです。

たとえば、製薬会社のＭＲ（いわゆる営業職）を例にとると、会社によって、医師とつかず離れず、スマートに情報提供をして営業するスタイルを貫いてきた会社と、泥臭く医師にくらいついて、ガツガツと営業することで成果をあげている会社があります。仮に、スマートな方の会社にいたMRが、ガツガツした営業方法をとる会社に転職して、前職で培ったスマートな営業スタイルを貫いても、まず、うまくいきません。ガツガツとした営業方法をとっているのはそれなりに理由があるわけで、好きでガツガツしているわけではないからです。しかし、下手に前職で成功体験があると、そのやり方を認められないわけです。

このような中途入社の部下に対しては、「郷に入れば郷に従え。そのままのやり方では、今の職場では生きていけない。あなたの過去のやり方は、ここでは通用しない。自分のやり方を変える必要がある。このままだとあなたのキャリアは……のようになると思う」とはっきりとフィードバックをすることが大切です。

このタイプの人は、過去のイメージを解除しない限りは、これから先も通用しないからです。言い方には細心の注意を払い、鏡のように事実を淡々と伝えても、反発される可能性は高いですが、それは覚悟の上で臨みましょう。大人の学びでは、ときに激しい痛みをともないます。

これと同じように、異業種から転職してきた人員も、文化の違いで苦しむことがよくあります。

たとえば、ちょっと特殊な事例かもしれませんが、ＯＬから看護師に転職すると、こういった例がよくあるそうです。

看護師は給与が高くて、現在は、空前絶後の「売り手市場」ですので、企業でＯＬをしていた人が新たに看護系の学校に入り直して、免許を取るというケースが少なくありません。

そこまではよいのですが、問題は看護師になってから。患者との信頼関係を築けないケースがあるのだそうです。患者さんから「もうあの人に看護されたくない」と言われてしまったりするわけです。

そうした人に対しても、同様に、「過去をひきずったままだと、いつまで経ってもうまくいかないよ」とはっきりと通知することが必要になります。

コラム　現役マネジャーが語る匿名「フィードバック」経験談

■フィードバック事例2
外資系企業　人事部長・河原英祐さん（仮名・四十五歳）

外資系企業で人事部長を務める河原さん。リーダークラスにあたる部下たちに個人面談を行う一方で、リーダーたちに、いかにフィードバックを行うかも指導しています。

隔週一回十五分の「個人面談」でわかること

――御社では十年以上前から、個人面談を頻繁に行っているそうですね。

河原　はい。隔週一回、十五分間、上司と部下の間で「個人面談」を行うことになっています。

――個人面談では、どのようなことを話されるのでしょうか。

河原　仕事の進捗報告に加えて、ここ一〜二週間の仕事を振り返ってもらい、うまくいったこと・いかなかったことを言葉にしてもらっています。

うまくいった、あるいはうまくいかなかった理由を部下自身に考えてもらい、「事前の打ち合わせが足りていなかった」などの具体的な理由が出てきたら、次は改善策を考えてもらいます。モヤモヤとして言語化されていないことを自分の力で言語化することで、「あ、そうか。自分なりのスタイルってコレか」「今回の勝ちパターンって、こういうことかな」ということに気づき、次の行動につながる武器になる。こうしたループを隔週一回でも回せば、年間で二六個の武器が生まれ、成長につながると考えています。

――それでもうまくいかないときに、フィードバックを行うのでしょうか。

河原　そうですね。通常の個人面談のときにも、部下が考えるのをジャマしない程度に、「こうした方が良かったんじゃないの?」とは指摘しますが、それよりも、ある一定の役職以上にクォーターごとに行われる三六〇度評価の結果が低かったときに、強めのフィードバックをします。三六〇度評価では、けっこう辛辣なコメントが寄せられるのですが、それを元に、「なぜ評価が低かったのか」「評価を上げるためにはどうしたらよいか」と話し合うわけですね。

良いことも悪いことも具体的に伝えるのがフィードバック

――河原さんがフィードバックをするときに、心がけていることを、教えてください。

河原　「できるだけ具体的に指摘する」ことです。あいまいな指摘の仕方をすると、部下もどうやって改善すればいいかわかりませんし、「いい加減なことを言わないでください」と部下に詰められることもあります。

何より、具体的な事例を挙げて説明すれば、部下も納得せざるを得ません。たとえば、「七月のプロジェクトのとき、本当は三日間で仕上げなければいけない仕事を、三週間ぐらい引っ張ってしまったことがあったよね」「そのときの個人面談でも、うまく回らないみたいな悩みを話していたと思うけど」「努力はしていたと思うけど、三週間遅れてしまったことで、後工程に迷惑をかけてしまった。君の職務グレードを考えると、期待されたアウトプットとは言えないから、評価が低くなるのは仕方ないよね」くらいのことは言います。

――本当に具体的ですね。

河原　このように指摘するためには、個人面談の報告を聞くだけでなく、日頃から部下の行動を観察して、記録しておくことが不可欠です。観察していなければ、ここまで具体的なフィードバックなんて絶対できません。私自身は観察した内容を、エクセルに打ち込んで管理していますし、部下のリーダーたちにも、観察して記録しておくことをすすめています。

また、その際、「部下のダメなところだけでなく、良いところも記録しておくこと」をすすめていますね。

通常の個人面談のときもそうですが、どんな仕事でも、改善すべき点ばかりということはほとんどなく、実際には良かった点もあるはずです。そうしたところを、「こういうところは良かったと思うけどな」と表面的ではなく、具体的に指摘することは大切だと思うんですね。

ネガティブなことを言うばかりが、フィードバックじゃない。良いことも悪いことも含めて、本人が気づいていないところに気づかせてあげるのが、フィードバックだと考えています。

どれだけ部下に非があっても、まずは「何か理由があるんだろう？」

――その他に、心がけていることはありますか？

河原　どんなときでも、「部下の言い分を聞くこと」です。

たとえ部下に大きな非があるように見えたとしても、一方的に言うのではなく、「君なりにいろいろ考えたことがあったんでしょ？　あのとき、何を考えていたの？」というふうに、言い分を聞くのです。

いくら正論でも一方的に言われたら腹が立つし、部下だって何の考えもなしに行動していることはほとんどありません。「実はこんなことを考えていたのですが……」という言い分を言った上で注意されるのであれば、部下も納得がいき、「でも、こうした方が良かったかもしれない」などと振り返って、改善策につなげてくれます。

――上司が聞く耳を持つ、ということは、重要ですね。

河原　あとは、上司と部下の間で、最初に目標をきちんと共有しておくことも、けっこう重要だなと思います。この目標がズレていると、適切なフィードバックができなくなります。

そして目標を共有できたら、それを達成するために、一緒に寄り添っていくことですね。自分で考えた対策を行っているかどうかをチェックし、地道に取り組んでいるなら、その努力をその都度、はっきりと認めてあげます。

たとえば、「二十四時間以内にすべてのメールの返信をする」という対策をたて、一週間後に確認すると、「八割しかできなかった」と部下から返答があった場合です。こんなときは「なんで八割しかできてないんだ」などと言わずに、「八割もできたなら、今までの自分に比べたら、ずいぶん努力したんじゃないの？」と言った方がよいと私は考えています。

少しでも前に進んでいるなら、それを認めた方が、建設的な議論につながるからです。そのあとで「じゃあ、残り二割のメールをさばくにはどうしたらよいと思う？」などと聞けば、「次はこの時間を節約して、メールの返信にあてます」などと前向きな返答が返ってきて、部下も気分良く仕事ができるはずです。

部下を突き放すのではなく、部下とともに並走していくことが、フィードバックでは大事なのではないかと思います。

時にはフィードバックが効かないこともある

――逆に、フィードバックや個人面談について、苦労されている点はありますか。

河原　部下に費やす時間が増えることですね。私は部下が一〇人いるのですが、通常の個人面談だけでも、隔週で数時間は確実に時間をとられます。

さらに、相手の欠点を指摘するフィードバックをすると、部下の言い分をあれこれ聞く時間が必要になるので、もっと時間がかかります。「納得がいかない」と言われ、三時間拘束されたこともありました。もちろん、フィードバックをするには、観察などの準備もしなくてはいけませんから、その時間もかかる。あくまで肌感覚ですが、一人が担当できる人数は五人が限界かなと感じますね。

――私も中間管理職なので、その辛さがよくわかります。

河原　あと、フィードバックをしても、ほとんど効果がない人はいます。

たとえば、降格対象になった人。時代の変化に適応できず、成果を出せなくなるベテランがけっこういるのですが、こうした人に対して「このままでは降格対象になるから、新しいやり方に対応してほしい」とフィードバックをしても、その人にもプライドがありますから、なかなか行動を変えようとはしません。成功体験がある人ほど、その傾向がありますね。三六〇度評価で悪い評価をつけた人たちが周囲にいるわけですから、どうしても「こいつらが低く評価したせいで」と他責にもなる。さらに、年下の上司に厳しいことを言われると、「お前みたいな若造に、俺の考えを言っても仕方ない」などと思ってしまい、なおさら怒りや不満が増幅します。

かといって、「頑張って挽回しましょう！」などと言われても、白々しいと思うでしょうね。私も、このようなフィードバックをする機会が過去三回あったのですが、いずれも年上の部下だったので、かなりムカつかれていたと思います。

――なかなかの強敵ですね。

河原　このタイプは、同じ部署に居続けても、なかなか変わらない人もいます。その場合には、すばやく配置転換をした方がいいというのが、私の結論です。そうした人が、異動した部署で再び活躍し始めたという事例はいくつもありますし。

重要なのは、配置転換は早く決断すること。一度、配置転換をしないで、半年間、様子見をしてから異動してもらったことがあったのですが、そのときは「なぜ、半年前に異動させてくれなかったんだ？」と部下に文句を言われました。そうやって怒りを増幅させた状態で異動したら、新天地でもうまくいきませんよね。確かに半年遅かった、とは思いました。

相手と粘り強く向き合い、「強み」を見つけ出す

――フィードバックも万能ではないというわけですね。

河原　ただ、相手の行動が変化しないのは、上司のフィードバックの仕方に非がある場合もあると思います。

たとえば、私がリーダーを指導しているときによく見られるのが、ちゃんと部下と向き合っていないこと。厳しいフィードバックをしなければならないとなると、「一対一で話す時間を早く終わらせたい」という意識が働き、逃げ腰になりがちです。しかし、そんな上司のフィードバックなんて、部下は聞くはずがありません。

しかも、その場の空気を取り繕うような、当たりさわりのない言葉でお茶を濁していると、逆に相手の逆鱗《げきりん》に触れることがあります。「なんだかよくわからないけど、評価制度でこうなっちゃったね」とか「俺はそうでもないと思ったけど、三六〇度評価ではC評価になっちゃったね」などと責任逃れをするのは、もう完全アウトです

ね。また、「復活できますよ！」というのも、相手をムカつかせる言葉。今は死んでいるみたいに言うんじゃないと（笑）。

――上司の心の動きを、部下は見抜きますからね。

河原　たとえキレられようが、伝えるべきことはしっかり伝える。これもよく言っているのですが、個人面談はあくまで部下のための時間であり、上司が話したいことを話す時間ではありません。そういう認識を持っていれば、自然と逃げようなどとは思わなくなるはずです。このことは、個人面談やフィードバックの指導をするときに、繰り返し言っています。マネジャーには、その覚悟が必要ですよね。

また、先ほど「長所を見ることも大切」と言いましたが、問題がある部下に対しては特に強く意識した方がいいと思います。気がつくと、自然と欠点ばかり見ていることは少なくありませんから。

部下の長所を把握していれば、「仕事の速さの問題で今回悪い評価がついてしまいましたが、丁寧さに関しては定評があるので、そこを生かすことが、今後の評価を上げるカギになると思います。その点を踏まえて、半年間改善してみませんか？」などと相手を前向きにできるようなことが言える。そうすれば、部下も聞く耳を持つと思うのです。

——良いところも悪いところも含めて、相手と真正面から向き合うことが大切ですね。

河原　フィードバックをするのは大変なこともありますが、相手の成長のきっかけになれる喜びもある。私とやり取りしたことで、自分で見えていない部分に気づいてもらえた感じがあると、やってよかったと思います。

たとえば、フィードバックの最中にこっちが発した言葉で「ハッ」と顔色が変わったり、表情が明るくなっていきなり饒舌《じょうぜつ》になったり、相手が変わる瞬間が見えるんですよね。そういうときに、部下と真剣に向き合った先にある喜びが味わえたな、と感じています。

——本日はありがとうございました。

解説

河原さんのフィードバックで印象的なのは、徹底的に部下に寄り添う姿です。部下には部下なりの理由があることを認め、「君なりにいろいろ考えたことがあったんでしょ？　あのとき、何を考えていたの？」という問いかけをすることは、なかなかできません。他にも「部下を突き放すのではなく、部下とともに並走していくこと」という言葉も印象的です。

一方、どんなに河原さんが懇切丁寧にフィードバックをしていても、変わらない部下がいることも、また事実です。それは河原さんのせいではありません。そうした場合は、「本人が変わらない」のであれば、「環境を変える」です。異動や配置転換などを通して、強制的にリセットボタンを押してしまうことも、また一計です。私たちは「職場」というハコの中で仕事をしており、その仕事の質は、環境からの影響を強く受けています。環境（職場）を変えることで、本人の仕事の質が変わることは、よくあるものです。

第四章　まとめ

●**タイプ＆状況別フィードバックQ＆A**

・**すぐに激昂してしまう「逆ギレ」タイプ**
⇒こちらから具体的に改善策を聞く
・**何を言っても黙り込む「お地蔵さん」タイプ**
⇒こちらも負けじと黙り込む
・**上から目線で返される「逆フィードバック」タイプ**
⇒「もし君が上司だったら～」と仮定法で意見を求める
・**言い訳ばかりしてくる「とは言いますけどね」タイプ**
⇒どんどんしゃべらせて、矛盾を炙り出す
・**「根拠なきポジティブ」タイプ/すぐに「大丈夫です！」タイプ**
⇒なんとかなると思う理由を具体的に聞く
・**別の話題にすり替える「現実逃避」タイプ**
⇒根気よく話を元に戻して、何度でも同じことを述べる
・**上司のお前が間違っている！　「思い込み」タイプ**
⇒部下の日頃の行動を元に具体的に指摘する
・**なんでも他人のせいにする「傍観者」タイプ**
⇒「傍観者に見えるよ」とそのまま指摘する
・**都合よく解釈する「まるっとまるめちゃう」タイプ**
⇒「私の言いたいことはそうではない」とはっきり言う
・**お膳立てしても挑戦しない「ノーリスク」タイプ**
⇒「挑戦しなくてもいいけど、現状維持はできないよ。このままだとこうなるよ」と伝える
・**昔取った杵柄を振りかざす「元〇〇の神様」タイプ**
⇒「立場上、私はこう言わざるを得ないのですが」と前置きしてから、率直に述べる
・**前評判と働きが違う「他では優秀」タイプ**
⇒「郷に入れば郷に従え」とはっきり伝える

第五章

マネジャー自身も成長する！
自己フィードバック・
トレーニング

フィードバックの実力をつける二つのポイント

ここまで、フィードバックについて、さまざまなノウハウをお話ししてきました。あとは、実践あるのみです！　フィードバックは、「フィードバックする経験を重ねること」でしか上達しません。

フィードバックは「場数」です。

場数を踏んでいけば、説得力のあるフィードバックができるようになったり、急に激昂し始めた部下に対しても冷静に対応できるようになります。部下の巧妙な言い訳や論理のすり替えにも翻弄されず、本質をついた鋭い切り返しができるようにもなるでしょう。

しかし、新人マネジャーやその予備軍の人の中には、いきなり実戦でフィードバックするのはちょっと不安……という人もいるかもしれません。また、第一章でもお話ししたように、今のマネジャー層の中心である四十代は、そもそもあまり先輩や上司からかまわれずに仕事をしてきた世代です。いきなりフィードバックしてみよう、と言われても、不安を覚えるのは当たり前です。

そういった人のために、本章では、自らのマネジャーとしてのフィードバック力を上げるトレーニング方法をお話ししていきます。これから紹介する方法を、実際のフィードバックとセットで行えば、あなたのフィードバックの精度は格段に上がっていくはずです。

そのポイントは、大きく分けて二つあります。

「自分のフィードバックを観察する」ことと**「自分自身もフィードバックされる機会を持つ」**ことです。

「模擬フィードバック」で、自分のフィードバックを客観的に観察

フィードバックの力を磨くために必要なことのまず一つ目は、「自分のフィードバックを観察する」ことです。私は、これまでいくつかの企業でフィードバックに関する研修をお手伝いしてきましたが、そこでも、自分のフィードバックを観察する、というエクササイズをいれています。

一般に、フィードバックは、一対一のブラックボックスな環境で行いますから、その様子を客観的に見てくれる人はいません。ということは、あなたがどれだけ下手なフィード

バックをしていたとしても、それを冷静に指摘してくれる人はいないというわけです。

プレゼンテーションでも営業でもそうですが、伝え方の腕を磨くためには、誰かに見てもらって指摘してもらうことが欠かせません。


そこでおすすめしたいのが、「模擬フィードバック」をすることです。

メンバーは、上司でも同期でもかまいません。最低でも、自分ともう一人いればＯＫです。

具体的には、上司役と部下役に分かれて、仮のフィードバックをします。設定は、実際にありそうな話がよいでしょう。

そのとき、部下役の人は、わざと怒ったり、言い訳をしたりして、なるべく上司役を困らせてください。そして、その様子をビデオカメラやタブレットなどで撮影するのです。

そして、勇気を振り絞って、その動画を見ましょう。すると、上司役の人は、「なんかものすごく高圧的だな」とか、「早口で何を言っているのかわからない」とか、「目がキョロキョロしているし、手もせわしなく動いている……。俺って、こんなに挙動不審なのか」と今まで気づかなかった自分の姿に気づくはずです。

それを踏まえて、自分の短所を改善していけば、部下の前でも堂々とフィードバックができるようになるでしょう。

フィードバックは、管理職にならないとやらないことなので、その一歩手前の人にこうした模擬フィードバックをしてもらうと、多くの場合、皆、口を揃えて「やって良かった」と言います。ぜひ皆さんも、実践してみてください。

フィードバックを受けたことがない人に、フィードバックはできない

フィードバックの力を磨くために、もう一つ大切なことがあります。
それは「自分自身もフィードバックされる機会を持つ」ことです。

本章の冒頭でも少し触れましたが、今の三十～四十代に意外と多いのが、耳の痛いフィードバックをあまり受けずに、中間管理職クラスに上った人です。それはそれで順調に出世してきたということで、喜ばしいことなのかもしれません。

しかし、それは、部下にフィードバックをするという観点から見ると、マイナス要素でしかない、と私は思います。

なぜかというと、フィードバックをあまり受けていない人には、フィードバックを受ける人の気持ちがわからないからです。

フィードバックされるときに、どんな言葉をかけられると、納得できるか。どんなふうに言われると、カチンと来るのか。地雷となるキーワードは何か。フォローの言葉はかけられたいか……。

こうしたことは、自ら何度もフィードバックを受けていれば、ことさら意識しなくてもわかるものです。しかし、その経験が少ないと、その勘所がわからず、相手の気持ちを逆なでするようなことを言ってしまいがちです。

もし、自分がフィードバックを受けた経験が少ないと感じているのならば、何らかの形で、フィードバックを受ける経験を積むことをおすすめします。

前述した「模擬フィードバック」でも、フィードバックを受けられる経験が積めるのですが、よりリアルな自分の日常的な行動に対するフィードバックを受ける方法もあります。

「アシミレーション」で、部下からのリアルな意見を引き出す

もしすでに部下がいるという人が、フィードバックを受ける経験を積むには、自分の部署で「**アシミレーション**」を行うのも、一つの手です（次ページ図表20）。

アシミレーションは、もともと外資系企業で行われているフィードバックの手法ですが、最近では、日本企業でも取り入れるところが出てきました。たとえば、インターネット大手のヤフー株式会社などでは「ななめ会議」という名称で実施されています[注29]。

まず、管理職と、その部下全員、それにその場の進行を務めるファシリテーターを集めます。ファシリテーターは、利害関係がなく、マネジャーと同格以上の役職にある、他部署のマネジャーに協力してもらうのがよいでしょう。部下から厳しいフィードバックを受けたとき、マネジャーの気持ちを理解できる人がファシリテーターを務めた方が、精神的なフォローをしやすいからです。

注29　本間浩輔・中原淳（2016）『会社の中はジレンマだらけ──現場マネジャー「決断」のトレーニング』光文社

図表20　アシミレーション

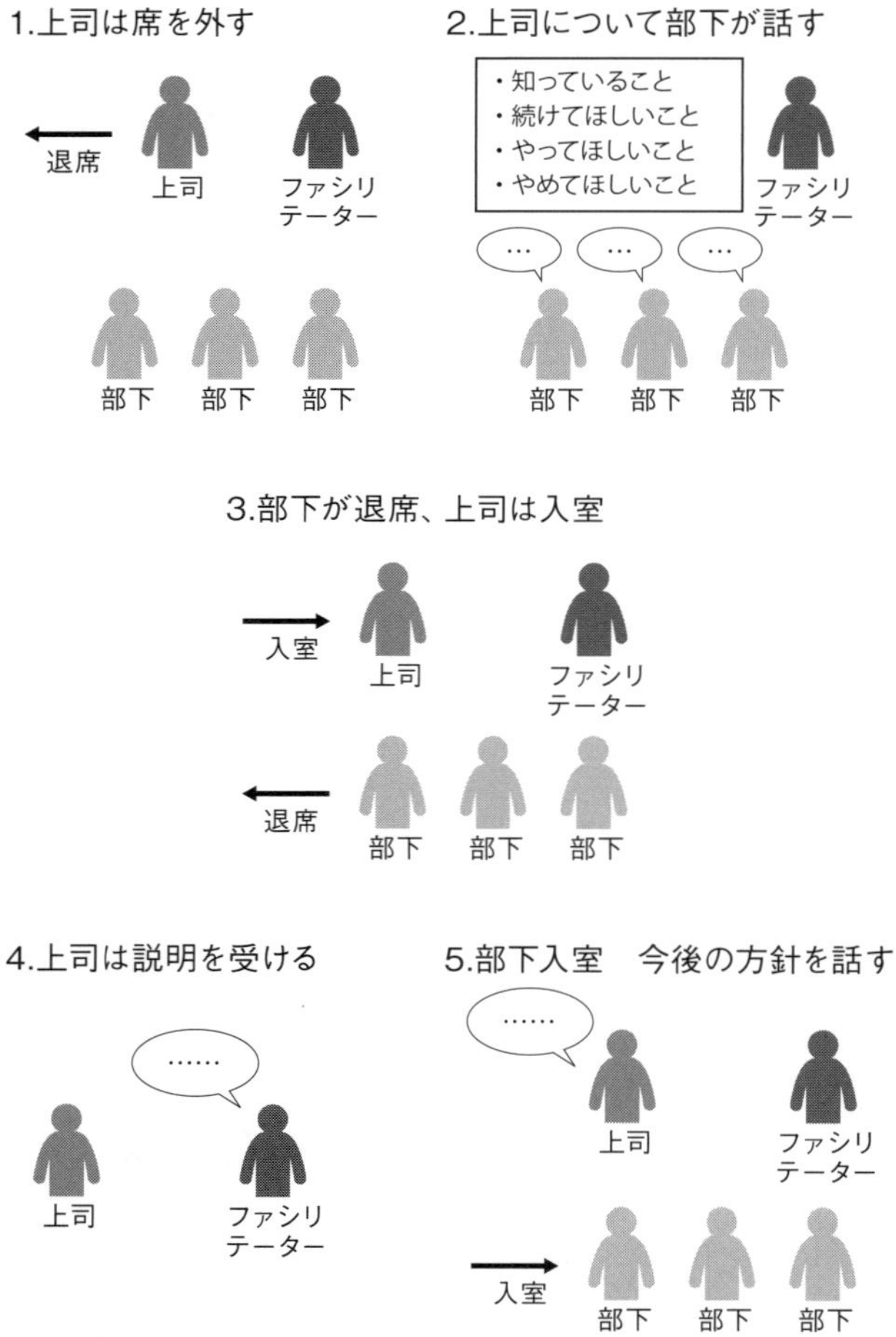

出所）本間浩輔・中原淳（2016）『会社の中はジレンマだらけ』光文社 p.36より、一部加筆修正のうえ掲載

その後は、次のような順序で進行します。

1. アシミレーション実施を伝え、上司は席を外します。

2. ファシリテーターは、その場にいる部下から、その上司に関する次のような意見を引き出して、ホワイトボードに書き出します。

・上司について知っていること

・上司に続けてほしいこと

・上司にやってほしいこと

・上司にやめてほしいこと

3. 部下は退出し、ファシリテーターだけが残ります。それと入れ替わる形で、上司が部屋に入室します。

4. 上司はファシリテーターから、ホワイトボードに書かれた内容について、説明してもらいます。

5. 最後に、全員が集まり、上司が部下全員の前で、出てきた意見を踏まえて、今後の行動をいかに変えていくか、コメントします。

以上のような方法なのですが、聞くだけでも、「これは厳しいフィードバックを受けることになるだろうな……」ということが、十分予想できるでしょう。

自分は大丈夫だと思っている人でも、「○○さんはすぐに人を否定する」などと思ってもいなかったことを指摘され、「えっ⁉」となることは、よくあることです。職位が上がるほど、人は周囲からあまり注意を受けなくなるので、自分がどう見えているのか、わからなくなるものです。

おそらく誰でもショックを受けると思いますが、それだけ、やってみる価値がある方法です。

スパイシーなフィードバックを受けたければ、マネジャー達よ、社外へ出よ

さらに、社内だけでなく、社外からもフィードバックを受ける機会があれば、それに越したことはありません。社外の人の方が、普段接しない分、よりスパイシーなフィードバックをしてくれるからです。あと腐れのない関係の人ほど、強烈なパンチをお見舞いしてくれるでしょう。

図表21　地域課題解決研修のようす

私が携わっている、北海道・美瑛《びえい》町の「地域課題解決研修」は、まさに、社外の人から強烈なフィードバックが受けられる異業種連携型の合同研修です（図表21）。

これは、三年前から、ヤフー、アサヒビール、日本郵政、テンプスタッフグループの四社が共同で行っている研修で、各社から、三十五〜四十五歳の次期部長クラスの若手マネジャーが参加します。研修の中では、彼らをシャッフルして、四〜五人のチームを編成します。そして、六カ月間で六回、旭川市の南にある美瑛町に集まり、この町が抱える、農業や教育、医療などの地域の課題について議論してもらいます。その問題を解決する新規事業を考えて、美瑛町長・町民に提案します。

このように、地域の課題解決が目的のプロジェクトではありますが、もう一つ、リーダーシップ開発も目的としています。その一環として行われるのが、チーム内の相互フィードバックです。リーダーシップ開発で最も効果を持つといわれるのがフィードバックであるからです。[注30]

チームの中には、プロジェクトを推進していく途中で、さまざまなコンフリクトが起こっています。地域課題解決というプロジェクトを舞台として、そこでどのようなコンフリクトがチームで生じるのかを振り返ったり、相互がリーダーとして発達するためのフィードバックを行ったりします。

六回集まるうちの、三回目と六回目に、一日かけて、チーム内のメンバーが相互にフィードバックを行います。ここでのフィードバックはかなりスパイシーです。チームメンバー同士、歯に衣着せぬフィードバックの応酬が始まります。

最も厳しいフィードバックは、プロジェクト終了時に、それぞれのメンバーから、各自への課題を一人ずつ書いてもらい、渡してもらうことです。

リーダーシップやフォロワーシップ、役割分担などについて、フィードバックをするのですが、次のような指摘が容赦なく飛び交います。

「やたらカタカナ言葉を並べて、相手をねじ伏せようとしますけど、あれじゃ伝わらないですよ」

「何度も同じことを注意しているけれど、全然改善されない。人の話を聞く耳を持っていますか？」

「○○さんが出すアイデアって、どれも小粒ですよね。すぐにまとめようとするからですよ」

ちなみに、最後の一言は二十代の女性リーダーが、四十代の男性リーダーに指摘したセリフです。

相互フィードバックを終えた後には、「星空タイム」といって、強制的に一人にさせられる時間があります。辛辣なフィードバックの後には、個人での内省の時間もしっかりと

注30　リーダーシップ開発については、この二十年で多くの研究が登場してきました。さまざまなリーダーシップ開発手法の中で、最も効果が高いと考えられているのが、フィードバックです。
Day, D. V. (2000) "Leadership development: A review in context" *The Leadership Quarterly*, Vol.11 (4), pp.581-613
Day, D. V., Fleenor, J. W., Atwater, L. E., Sturm, R. E., and McKee, R. A. (2014) "Advances in leader and leadership development: A review of 25 years of research and theory" *The Leadership Quarterly*, Vol.25 (1), pp.63-82

るのです。

最終的には、個々人が、自分へのフィードバックを自分自身で読み上げながら、どうやって今後の行動を改善するかを宣言してもらいます。

このように、徹底的にフィードバックを行うので、終わる頃には、皆、自分の改善点について深く認識するようになります。しかし、これが非常に良い経験になります。

参加するマネジャークラスは、基本的に会社で優秀とされている人たちなので、社内ではこんなフィードバックを受ける機会がありません。だから、ここで受けたフィードバックによって、自分の欠点に初めて気づくことができ、仕事への取り組み方も大きく変わってくるのです。

卒業生の中には、今は一五〇名の部下を率いて、新たなプロジェクトに取り組み、革新的なサービスを開発している人もいます。二五〇名の拠点を任されて、マネジメントに奮闘している若いメンバーもいます。そうした人々の中には、このときの経験を「しんどかったけれども、あとあとじわじわと効果を感じた」と言ってくれる人もいます。

このように、あと腐れのない他人同士が、ともに何かに取り組んだ上で、相互にフィードバックをすると、大きな刺激につながります。最近では、その有用性に着目し、サントリーも、他社を巻き込み、同様の試みを行っています。

個人の力ではこのような取り組みを立ち上げるのは難しいと思いますが、人材開発の業界では、異業種研修の機会はずいぶんと増えています。もし何か同じような企画に参加できるチャンスがあれば、覚悟を決めて、参加することをおすすめします。

人は無能になるまで出世する――自分をフィードバックし続けるために

もっとも、美瑛のようなプロジェクトに参加しなくても、自分からフィードバックを受けられるような環境はいくらでもつくれると思います。

たとえば、私は、他の大学に勤めている同年代の共同研究者たちと年二回程度合宿をしているのですが、そのときに、彼らに自分の抱えている研究のことを話すことがあります。

そのときに、「この五年で何をやりたいか」を自ら話した後で、「私が五年後、どんなことをやっていると思うか」を同年代の研究者からフィードバックしてもらうのです。すると、自分と相手が考える「五年後」にギャップが生じます。

これと同じように、自分に意見してくれるような集まりに行き、「自分はどんな人に見えるのか」「自分は数年後、どんなことをやっているように見えるのか」などを聞いてみれば、思っているのとはまったく違う自分の姿を、フィードバックしてくれるでしょう。

このようなフィードバックを受ける機会をつくることは、フィードバックを受ける経験を増やすだけでなく、自分を成長させ続ける上でも非常に重要なことです。専門用語では、こうした行動のことを、「フィードバック探索行動」と言います。**あなたが自ら成長を願う仕事人でありたいと思うならば、「フィードバックを他者から与えられる存在」ではなく、「自らフィードバックを求めにいく人材」になりたいものです。**

組織論でよく言われる言葉に、**「人は無能になるまで出世する」**という「ピーターの法則」があります。会社組織に入ると出世していきますが、どこかの段階で「無能」と判断されてしまうと、そこで出世は止まります。会社組織の中では、自分が無能とされる地位まで上がって、頭打ちになる。つまり、若い頃はどんなに有能だった人でも、最終的には無能扱いされて終わるというわけです。

私は、自分が「無能」な状態になって止まってしまうことを恐れています。無能とされる地位まで行くと、「ダメなら外して、別の人に置き換えよう」という**「置換対象」**へと変わっていきますが、それに甘んじたくはありません。だから、成長し続けられるよう、自分でフィードバックを受けられる環境にわざわざ身を投じるわけです。

フィードバックを受けると、ショックなことを言われることもあります。しかし、そうやって他の人から指摘される痛みを味わわないと、「なかなか自分を変えよう」という気にはなりません。もし「そういう痛みを最近味わっていないな」という人がいたら、それは自分の実力がついたからというより、「成長が止まりつつある」危険信号だと思います。

私は、よく**「緊張屋」**と**「安心屋」**という話をします。「緊張屋」とは、自分に厳しいフィードバックをしてくれる人のことで、一方、「安心屋」とは、「大丈夫だよ」と言ってくれる人のことです。

もし、自分の周囲にいる人の八割が「緊張屋」だったとしたら、しんどくてやっていられません。四六時中、フィードバックをされっぱなしになってしまいます。しかし、「安心屋」が八割というのも、非常に危険なことです。皆に「このままでいいんだよ」と言われ続けるような「ぬるま湯の環境」にいたら、人間、必ずダメになります。

皆さんは、「緊張屋」と「安心屋」、どちらが多い環境にいるでしょうか。もし「緊張屋」が少ないならば、苦労してでも、「緊張屋」を求めに行きましょう。それが自分のフィードバックの質を高めるだけでなく、自分を成長させ続けるエンジンにもなるのです。

コラム

現役マネジャーが語る匿名「フィードバック」経験談

■フィードバック事例3
大手シンクタンク　本部長・鈴木大輔さん（仮名・五十二歳）

大手シンクタンクで研究部門を統括している鈴木さん。同社では、隔週一回程度の個人面談が徐々に浸透しており、鈴木さんも活発に行っているそうです。その中でフィードバックを行い、部下のベクトルを正しています。

隔週一回、三十分程度の個人面談を実施

――御社では、比較的早い段階から個人面談を取り入れてきたそうですね。

鈴木　はい。十年以上前から、週一回から隔週一回の個人面談が、一般化しています。

私は、研究部門を見ているのですが、直属の部長や課長とは週一回〜隔週に一回、三十分程度の個人面談を行っています。また、彼らの部下にあたるメンバーたちとも、最低でも年一回は個人面談をして、コミュニケーションをとっています。

個人面談では、普段は、最近の仕事の状況について報告してもらう程度ですが、何か問題があればフィードバックをしています。メンバーに直接フィードバックをすることもありますね。

「組織と部下、両方が良くなる」ことを第一に考える

——耳の痛いフィードバックをするときには、どのようなことを心がけているのでしょうか。

鈴木　最も強く意識していることは、「組織と部下、両方が良くなることを考える」ということです。

私のような組織の中枢にいる人間は、どうしても組織のことを優先して考えてしまうきらいがあります。それは組織人として当然のことなのですが、それをフィードバックに持ち出すと、部下は「組織の都合ばかりで、自分のことは置き去りじゃないか」と考えるでしょう。そう思われたら、部下は話を聞いてくれなくなってしまいます。

だから、個人＝部下も良い方向に導くには、どんなフィードバックをすればよいか。それを強く意識するようにしています。

——組織と部下の両方が良くなる落とし所を見つけるのは、意外と難しいこともありますよね。

鈴木　おっしゃる通りです。そこで、私は、耳の痛いフィードバックをする前には、必ず部下の情報をもう一度確認するようにしています。

最も重要視しているのは、「部下が将来、どんなビジョンを描いているのか」です。この会社で何を実現したいのか。社長をめざしているのか。実は他の部署に異動したがっているのか。はたまた当社で学んだことを生かして、独立開業をしたいのかー。

こうしたことを明確にして、初めて、部下の将来を考えたフィードバックができます。普段の個人面談でも聞いている内容ではありますが、フィードバックをするときには、改めて確認するようにしています。

——実際に、そのようなやり取りをした例はありますか。

鈴木　たとえば、実力はあるのだけれども、組織に対して斜に構えちゃうような部下がいたんですよ。「なんでこんなことやるんだろうね?」とか「やってられないよね」みたいなことを若い人に言って、煽動《せんどう》するような人ですね。

いくら実力があったとしても、マネジャーになった後も組織に反するような言動をするようなら、昇格させるわけにはいきません。だから、そういう言動をやめさせる必要があった。しかし、そもそもマネジャーになりたくないなら、忠告しても聞いてくれない可能性は高いですよね。

そこで、彼には、「そろそろマネジャーになってほしいと思っているんだけど、君は、どう思っているの?」ということを最初に聞いたのです。すると、「なりたいと思っている」という答えが返ってきました。それを聞いた上で、「マネジャーというのは組織側の感覚で動かなければいけない仕事だけど、今の君は、反組織側の人に見えるよ。このままの感覚で仕事をしていたら、昇格させるわけにはいかない」と言いました。

――その結果、どうなったのですか?

鈴木　余計な煽《あお》りをいれるような言動は一切なくなりましたね。マネジャーとして昇格した後も順調にやっている。そんな事例はうれしいものです。

降格必至の部下には、どうフィードバックすべき？

――しかし、組織のメリットを考えれば、どうしても部下のメリットまで考えられないこともありませんか？

鈴木　そうかもしれませんが、可能な限り、部下のメリットを考えることが大切だと思っています。

たとえば、以前、研究部門の部長職を務めていた人がいたのですが、その人は、研究職としては、致命的な欠陥がありました。研究部門のヘッドなのに、意思決定にロジックがないのです。ふだんのレポーティングも、自分で考えたのではなく、部下から聞いた内容を書いて文章にしているだけ。部長職まで出世はしていたのですが、その部門のトップを張るには、あまりに中身が伴っていませんでした。

私は、着任後、ただちにこの部下の欠点に気づきました。「これは早めに手を打った方がいいな」と感じました。そこで、「意思決定にロジックがない場面が多い」という内容のフィードバックをしたのですが、やはり無理でした。このままでは降格は必至であり、異動してもらうことも考えなくてはいけない状況でした。

そのときに意識したのが、「この人は将来、何をやりたいのか」ということです。すべてのフィードバックの起点は、「本人がどうなりたいか」にあるからです。

今後どうしたいのかを聞いてみると、「実は将来、起業したいと考えている」といった答えが返ってきました。当社としては、辞めてほしいわけではありませんでしたが、降格するぐらいなら、早く独立した方が、この人のためになるかもしれないと感じました。

そこで、半年ほど様子を見た後に、「このままでは降格させざるを得ない。それなら、その前に、独立するという選択肢も考えてはいかがですか」という話をしました。

すると、次の個人面談のときに「独立します」という返事が返ってきました。結局、彼は独立し、今はコンサルタントとして活動しているようです。

――結果的には、円満に事が運んだわけですね。

鈴木　ちなみに、私が「独立」という選択肢を出したのは、その部長が共働きだったからです。奥様が専業主婦で働き手が一人しかいなかったら、「もう少しこの会社で頑張った方がいいかもしれない」と言っていたかもしれません。部下に対するフィードバックを考えるときには、将来のビジョンだけでなく、年齢や家族構成など、さまざまな要素を考慮すれば、最終的には落とし所が見えてくるのではないかと思います。

人は忘れるもの。何度でも根気よく告げる

――他に、フィードバックで心がけていることはありますか？

鈴木　「何度でも根気よく言う」ことでしょうか。

フィードバックしてもなかなか改善されない人は、どの会社にも多いと思いますが、これって仕方のないことだと思うんです。たいがいの人は、自分に都合のよいことしか記憶しませんからね。耳の痛いフィードバックほど、「そんな記憶ありません」となる。それにいちいち腹を立てていたら、改善なんてできないと思うんですね。

最近でも、部下に、興味のあることはすごく頑張るんだけれども、興味のないことは言われたことしかやらない、という問題児がいましてね。スキルは申し分ないんですが、組織に所属する上で大前提となるマインドがなっていないタイプですね。

彼には四月に「その姿勢はイエローカード。直さないとレッドカードを出すよ」と

いう話をしたのですが、自分の都合のよいようにしか受け止めないので、九月に聞いたら完全に忘れていた。そこで、「四月にイエローカードを出したよね？　本当は今回もう一枚出したいところだけど、一・五枚目を出すことにする。次は本当にレッドカードを出すよ」と言いました。これで変わらなければ、もう仕方がありませんが、上司が簡単にあきらめてはいけないと思います。

フィードバックに私情をはさむような人はマネジャーにしてはいけない

――ここまで聞いていると、部下に対しては、ガマン強く接している印象がありますね。

鈴木　でも、どう考えても良くないことは、ブスッと釘を刺しますよ。

以前いた部下に、ダークサイドで徒党を組むような部下がいたんですよ。上層部にやたら批判的な言動をするタイプで、飲みの席に行くと組織の悪口ばかり言って、他の部下を巻き込もうとする。私は、その部門に異動する前から、彼の噂を聞いていたので、異動した最初のミーティングで、こう釘を刺しました。「事実かどうか知らないけど、あなたがこういう人だということは何人かから聞いている。私はその場にいたわけじゃないけど、何人かが言っていたという事実がある。これは私が許さないよ。耳に入ったら一発退場してもらうから」と。

――かなり強く言いましたね。

鈴木　こういうタイプは、それぐらい言わないとわかりませんからね。

でも、感情的にフィードバックをするようなことは、まずありません。

たとえば、性格的に問題のある部下や、なんとなく虫が好かない部下が、仕事の成果があがらなかったからといって、強い口調でフィードバックするかというと、決してそれはない。

管理職のミッションは、あくまで組織と個人を良くすること。私情をはさんで、その権力を振りかざして、相手をギャフンと言わせようなどというのは、明らかにミッションから外れた行為です。もしそんなことを思うような人がいるならば、その人は、初めから、管理職にはしてはいけないんじゃないかと思います。

私情をはさまず、会社と部下のメリットを考え抜き、何度でも伝える。たしかに根気は必要ですが、その分、シンプルに組織と個人が良くなった瞬間は、フィードバックをやっていてよかったと思いますね。

——本日はありがとうございました。

解説

鈴木さんの事例で最も印象的なのは「すべてのフィードバックの起点は、本人がどうなりたいかにある」という言葉です。ついつい、私たちはフィードバックをする際、「ああなってほしい」「こうなってもらわなければならない」という風に、自分の「なってほしい像」を部下に提示することにやっきになります。そして、そんなときともすれば「部下自身が、どのように思っているのか」を忘れがちです。

鈴木さんは、そこに「部下のなりたい姿」という「媒介項」をさしはさむことで、部下との円滑な対話を可能にしていると感じました。部下自身に「自分のなりたい姿」を、あらかじめ言わせることで、それに近づくための方法を一緒に考えているのです。

すべてのフィードバックが部下に刺さるとは限りません。しかし、鈴木さんがおっしゃるように、管理職の責務は「組織と個人を良くすること」です。組織と個人が良くなることを信じて、私たちは、日々を邁進する必要があるのだと思います。

第五章　まとめ

●フィードバック力をつけるための2つのポイント

・自分のフィードバックを客観的に観察する

・自分自身もフィードバックされる機会を持つ

●フィードバック力をつけるトレーニング方法

・模擬フィードバック……自分のフィードバックの観察

・アシミレーション……部下による上司へのフィードバック方法

・社外でのフィードバック……社内の人間関係では得られないスパイシーなフィードバックを受ける

●自分自身をフィードバックし続けるコツ

・ピーターの法則……「人は無能になるまで出世する」

・「緊張屋」と「安心屋」

「緊張屋」……厳しいフィードバックをしてくれる人

「安心屋」……精神的支援をしてくれる人

⇒両者のバランスが大切

おわりに

本書は、フィードバックに関する入門書でした。

部下育成の基礎理論から始まり、耳の痛いことをしっかり通知して立て直すためのフィードバックの具体的なテクニック、フィードバックのときに陥りやすい罠、また三人のマネジャーの方の事例について紹介してきました。

私にとっても、これまでフィードバックについてこれほど体系的にまとめたことはなく、よい学びの機会になりました。ここでは、最後に一言だけ、本文では述べられなかった思いを形にしたいと思います。それは、フィードバックは「個人の問題」でもあるけれども、「組織の問題」でもあるということです。

本書では、フィードバックを行う側、あるいはフィードバックを受ける側の個人の視点からさまざまな理論やノウハウをお伝えしてきましたが、昨今の研究では、フィードバックは組織によって推進できるかそうでないかが決まってしまうということがわかっています。

要するに、フィードバックは「個人の問題」以上に「組織の問題」であるということです。「組織の問題」であるとは、この世には、ごくごく自然にフィードバックがなされる組織と、そうでない組織があるということです。フィードバックがなされるか否か、はたまたそれが奏功するかどうかは、個人レベルではなく組織レベルで強く規定されているということです。

学術研究の知見によると、フィードバックをするためには、組織が受け入れなければいけない三つのコストがあると言われています。[注31]

一つは、「エフォートコスト（Effort cost）」です。そもそも、フィードバックを受けるためには、誰かがフィードバックを行わなければなりませんが、たいがいは耳の痛いことを言う必要がありますから、好き好んでやる人はほとんどいません。耳の痛いことでもしっかり言ってくれる人が、その組織にいるのかどうかで、フィードバックの有無が決まってきます。そうした貴重な人材を組織の中に確保するために、組織は一定のコストを支払う必要があります。

また、組織が支払うべき第二のコストとして「フェイスコスト（Face cost）」の問題もあります。

フィードバックは生身の二人以上が相対して、耳の痛いことを伝えなければならないので、それなりの時間をかけて話し合わなければなりません。このような、フィードバックのために、実際に他者と対面するコストを積極的に払ってくれるかどうかは、組織によって大きく差があります。

そして、第三のコストは、「インファランスコスト（Inference cost）」です。「大人の学び」には痛みが伴うものであり、せっかく得られたフィードバックを解釈し、実行するためには、それなりの負荷がかかります。しかし、時間的・精神的余裕がなければ、フィードバックを正しく受け止め、実行するのは困難です。個々人がその余裕をどの程度持てるかは、個人よりも、組織がそのコストを払うかどうかという問題になります。

注31　Sully de Luque, M. F. and Sommer, S. M. (2000) "The impact of culture on feedback-seeking behavior: An integrated model and propositions" *The Academy of Management Review*, Vol.25 (4), pp.829-849

たとえば、超官僚主義的で、超多忙で、かつ隣り合って仕事をしている人に一ミリも興味・関心のないような組織では、もともとフィードバックは得られません。得られたとしても、じっくり話せるような時間は取れないでしょうし、解釈する余裕を持つこともなかなか難しいでしょう。

くどいようですが、フィードバックは「個人の問題」でもありますが、同時に「組織の問題」でもあります。**上司と部下の間のフィードバックを高めていくことは、「個人だけが努力しなければならない問題」ではなく、「組織が本気で取り組んでいかねばならない課題」であると私は思っています。経営者や人事責任者は、フィードバックを「現場のマネジャー」まかせにするのではなく、自らも立ち上がり、自らの組織を「フィードバックに満ちあふれた組織」にする責務があります。**

あなたの組織は、フィードバックが正しくなされている組織ですか？

はじめにでも述べましたが、この国では、人という資源を大切に使っていくことが求められています。そのためには、組織全体でフィードバックの問題に取り組んでいかなければなりません。その一歩として、本書を職場や組織のメンバーで読み、自社の部下育成のあり方を議論してみてもよいかもしれません。本書が「フィードバックに満ちた組織」を増やすことに貢献できたとしたら、非常に嬉しいことだと考えています。

最後になりますが、本書はPHP研究所の月刊『THE21』の連載を書籍化したものです。連載時には、編集者の岸正一郎さんに大変お世話になり、かつ貴重な機会を与えていただきました。

また、書籍化に関して大幅な加筆修正をいたしましたが、その過程では、PHP研究所ビジネス出版部の宮脇崇広さん、オフィス解体新書の杉山直隆さんに大変お世話になりました。宮脇さんの上司でもある、中村康教さんにも大変お世話になりました。本当にありがとうございました。

▼

私は、今の立場上フィードバックをすることが多いのですが、同時に自分も正しくフィードバックを受けられる人間でありたいと思っています。年齢を重ねつつある今だからこそ、そのことを痛感しているのかもしれません。

フィードバックのことを語る私自身が、フィードバックレスな状態に甘んじることは、あってはなりません。皆さんと同様に、フィードバックの良い受け手であり、かつ与え手でありたいと願っています。

同時代を生きるマネジャー、そして、リーダーの皆さん。

よきフィードバックの中にあれ！

そして人生は続く。

二〇一六年十二月三十一日　故郷、北海道にて

中原　淳

PHP

Business Shinsho

中原 淳（なかはら・じゅん）

立教大学 経営学部 教授（人材開発・組織開発）。立教大学経営学部ビジネスリーダーシッププログラム（BLP）主査、立教大学経営学部リーダーシップ研究所 副所長。

1975年、北海道旭川市生まれ。東京大学教育学部卒業、大阪大学大学院 人間科学研究科、メディア教育開発センター（現・放送大学）、米国・マサチューセッツ工科大学客員研究員、東京大学講師・准教授等をへて、2018年より現職。「大人の学びを科学する」をテーマに、企業・組織における人材開発、組織開発について研究している。

著書に、『職場学習論』『経営学習論』（ともに東京大学出版会）、『組織開発の探究』（中村和彦氏との共著、ダイヤモンド社）、『残業学』（パーソル総合研究所との共著、光文社新書）など多数。

Blog：NAKAHARA-LAB.NET

（http://www.nakahara-lab.net/）

Twitter ID : nakaharajun

PHPビジネス新書 372

フィードバック入門
耳の痛いことを伝えて部下と職場を立て直す技術

2017年3月3日 第1版第1刷発行
2023年7月28日 第1版第18刷発行

著者 中原 淳
発行者 永田貴之
発行所 株式会社PHP研究所
東京本部 〒135-8137 江東区豊洲 5-6-52
ビジネス・教養出版部 ☎03-3520-9619(編集)
普及部 ☎03-3520-9630(販売)
京都本部 〒601-8411 京都市南区西九条北ノ内町11
PHP INTERFACE https://www.php.co.jp/
装幀 齋藤 稔(株式会社ジーラム)
組版 有限会社エヴリ・シンク
印刷所 株式会社光邦
製本所 東京美術紙工協業組合

ISBN978-4-569-83290-6

「PHPビジネス新書」発刊にあたって

わからないことがあったら「インターネット」で何でも一発で調べられる時代。本という形でビジネスの知識を提供することに何の意味があるのか……その一つの答えとして「**血の通った実務書**」というコンセプトを提案させていただくのが本シリーズです。

経営知識やスキルといった、誰が語っても同じに思えるものでも、ビジネス界の第一線で活躍する人の語る言葉には、独特の迫力があります。そんな、「**現場を知る人が本音で語る**」知識を、ビジネスのあらゆる分野においてご提供していきたいと思っております。

本シリーズのシンボルマークは、理屈よりも実用性を重んじた古代ローマ人のイメージです。彼らが残した知識のように、本書の内容が永きにわたって皆様のビジネスのお役に立ち続けることを願っております。

二〇〇六年四月

PHP研究所

PHPビジネス新書

「辞めさせない」マネジメント

行動科学を使えば若手が自ら成長する！

石田　淳　著

若者が辞めていく組織は危ない。何を考えているかわからない20代に成果を上げさせるため、リーダーは行動科学マネジメントを学べ。

PHPビジネス新書

上司の9割は部下の成長に無関心

「人が育つ現場」を取り戻す処方箋

前川孝雄 著

今や課長の大半がプレイングマネジャー。人材育成はつい後回しという人も多い。どうすれば日本企業に「人が育つ現場」を取り戻せるか？

PHPビジネス新書

「どうせ変わらない」と多くの社員があきらめている

会社を変える「組織開発」

森田英一　著

このままではダメだ。でも自分にはどうすることもできない……そんな閉塞感を社員が感じている会社がパワフルに生まれ変わる方法とは？

PHPビジネス新書

日本企業の組織風土改革

その課題と成功に導く具体的メソッド

柴田昌治 著

「バラバラでへとへと」な組織を再生させるスコラ・コンサルト式風土改革の考え方、方法論が詰まった決定版的一冊。待望の復刊。

PHPビジネス新書

結果主義のリーダーはなぜ失敗するのか

本田有明 著

東芝や三菱自の問題は、結果主義に疑問をもたないリーダーにとって日々隣りに在るリスクである。著者と現役経理担当者の対談も収録。

PHPビジネス新書

危機対応のプロが教える！

修羅場の説明力

小野展克／池田　聡　著

著名人の謝罪会見は決して他人事ではない。報告、商談、プレゼン、お詫び――働く人に求められる説明力を危機対応のプロが徹底解説。